| 梁小民作品 |

无用才读书

梁小民 著

北京大学出版社
PEKING UNIVERSITY PRESS

图书在版编目（CIP）数据

无用才读书 / 梁小民著. — 北京：北京大学出版社，2017.3
（梁小民作品）（2018.1 重印）
ISBN 978-7-301-27222-0

Ⅰ.①无… Ⅱ.①梁… Ⅲ.①书评 – 中国 – 现代 – 选集 Ⅳ.①G236

中国版本图书馆CIP数据核字(2016)第136731号

书　　　名	无用才读书 Wuyong cai Dushu
著作责任者	梁小民　著
责任编辑	于铁红　周彬
标准书号	ISBN 978-7-301-27222-0
出版发行	北京大学出版社
地　　　址	北京市海淀区成府路205号　100871
网　　　址	http://www.pup.cn　　新浪微博：@北京大学出版社 @培文图书
电子信箱	pkupw@qq.com
电　　　话	邮购部 62752015　发行部 62750672　编辑部 62750883
印　刷　者	三河市国新印装有限公司
经　销　者	新华书店
	889毫米×1194毫米　32开本　8.75印张　151千字 2017年3月第1版　2018年1月第2次印刷
定　　　价	48.00元

未经许可，不得以任何方式复制或抄袭本书之部分或全部内容。
版权所有，侵权必究
举报电话：010-62752024　电子信箱：fd@pup.pku.edu.cn
图书如有印装质量问题，请与出版部联系，电话：010-62756370

目录

001 _ 代序　无用才读书

013 _ 历史没有新故事

027 _ 历史，可以化妆不能整容

046 _ "认识哈耶克之前，就讨厌凯恩斯"
　　　——怀念撒切尔夫人

055 _ 启蒙未竟人已去
　　　——纪念于光远先生

067 _ 一代宗师的丰碑
　　　——悼念萨缪尔森

075 _ 钱理群与北大传统

088 _ 名门家族史：该写谁，如何写？

101 _ 古代闽南海上贸易何以繁荣？

112 _ 别让"老大哥"美梦成真

119 _ 罗马城不是一天消失的

125 _ 不战而胜的软实力

132 _ 门外汉浏览科幻小说

140 _ 从《灵剑》看邪教

146 _ 从汽车看经济学

152 _ 一本引导你思维的书

158 _ 莫为己讳

166 _ 我们需要全民忏悔

173 _ 大处不可随便

178 _ 偶遇《读库》，一见钟情

186 _ 市场经济不能由政府主导

192 _ GDP 超过日本之后的思考

200 _ 尺有所长，寸有所短

208 _ 译书如何改书名

215 _ 给书起个好名字

219 _ 出书与卖书

226 _ 2013 年，未受广泛关注的 10 本好书

240 _ 2014 年 10 本休闲好书

254 _ 经济学与读书

　　——2014 年 4 月 27 日在北大讲座

269 _ 后记

代序

无用才读书

这个题目的意思是"无用之人才能读无用之书"。全写出来有点啰唆，遂简化为"无用才读书"。

写下这个题目，我想起常被问到的一个问题：读书有什么用？仔细想来这个问题的含义是读书的目的是什么？能有什么收益？读哪些书能达到这种目的？这个问题搞清楚了，读书才有内在的动力。自觉读书而不是赶时髦读或被逼读，才有真正的全民读书热。

说到读书的目的，我想起一件逸事。当年我在北大任教时，听学生说，有一次给他们上课的一位老师问学生，选这门课的目的是什么？一位学生无精打采地说：混个学分呗！老师听罢勃然大怒，批评一顿之后又指另一学生问，你的目的是什么？这位学生站起来，严肃地说：为革命。全班学生哄堂大笑，老师无话可说。当年一切都冠以"为革命"之名目，还是相当流行的，况且老师是一位极"革命"之人，明知学生调侃，也无可奈何。

今天看来，"为革命"云云有点幽默，但在我上学时却是严肃地这样想，这样说的。我上学的年代是革命的年代，也是讲大话、讲空话的年代。老师极为认真地教导我们为革命读书。现在想来，这话也不能算错，但太空。除了少数革命家读马列的书找到了救国救民的革命之路，绝大多数人读书与革命关系不大。少数人甚至认为，读书越多越反动，成了反革命。而且，什么是对革命有用之书，也无定论。马列的书应该是对革命有用的，但不少反革命不也熟读马列吗？"二十四史""资治通鉴""红楼梦"并非革命之书，但许多人不也从中读出了革命道理吗？刘少奇的《论共产党员的修养》是钦定的革命之书，"文革"中又钦定为反动之书。如今又颠倒过来了，不过即使革命红心不变的人读的也不多了。"为革命"太抽象。作为读书目的，缺乏可操作性，作为评价书的标准，又缺乏客观性。现在真心这样说的人已经属于濒临灭绝的受保护物种了。

还是古人坦率，说读书是为了"黄金屋"和"颜如玉"。这种说法不仅有点俗，而且也未必靠谱。读书与黄金屋、颜如玉之间并不一定是正相关的。读书好而有黄金屋、颜如玉的人固然不少，但饱读诗书终生贫寒、丑妻相伴的人更多。几乎没读过书，但黄金屋一望无际，颜如玉如过江之鲫的人比比皆是。你去看看富人排行榜，有多少读书人？"刘项原来不读书"，这种说法无非是从人贪财好色的本性出发而说的励志格言而已，不可当真的。

说"为混个学分"而读书选课倒是至理名言。人在社会上要过得好就必须有份好工作；要找到好工作，就得大学能毕业；要毕业就必须混够学分。这种读书可称为"有用的读书"。另一种完全从兴趣出发，没有任何具体目的的随意读书，则可称为"无用的读书"。

人一生读书既有有用的读书，又有无用的读书。不过在人生的不同时期侧重点不同。人在接受正规教育上学时是准备成为有用之人，参加工作后就成了真正的有用之人。这两个时期读书都以"有用的读书"为主。退休之后，尽管也可以发挥余热，但"热"仅剩"余"，基本也就无用了。无用之人才能读无用之书。

当学生时为应试、升学而读书是应试读书。工作之后为完成工作任务、为提拔、为评奖而读书也是应试读书的延伸。这是有用之人读有用之书，这种读书对人的一生很重要。我不否认应试教育、应试读书的重要性。科举制度可以称得上中国四大发明之后的"第五大发明"了，至今仍然是各国公务员制度的基础。与科举制同时产生的则是应试教育与读书。这也是绝大多数人接受教育增加才智的基本方式。尽管有人把没读过书的卑贱者捧到了天上，也有不经过这种应试教育而成才者，但世界上绝大多数人才还是这种教育体制培养出来的。不然各国为什么都要建立这种教育体制？工作以后作为应试读书的延伸，为提职、评奖、完成工作任务读书也是大大有益。不同形式的考试、考核作为一种压力或动力，推动人们继续努力读书，不仅有利于个人能力的提升，也有利于整个社会。

受教育阶段以有用读书为主，这对人的一生极为重要。我的写作能力就是在中学时学语文写命题作文练出来的。上大学分了专业，许多人认为"大学学的专业百分之九十无用"，这话的确有点道理。工作之后真正专业对口的人并不多，而且即使是对口，大学学的专业知识也会过时。但无论专业有没有用，都为你一生奠定了一个学习基础。我上大学学的是政治经济学专业，即马克思主义经济学，毕业后根本没用上。但大学的学习让我知道如何读书，如何研究一个问题，为我以后的事业奠定了一个基础。大学的重点仍然在奠定人一生学习的基础。北大原经济学院院长陈岱孙教授1949年前是清华大学法学院院长，他继承了清华的传统，强调"宽口径，厚基础"，专业不要分得过细，就体现了大学教育打基础的作用。现在想来，这个思想仍然正确。工作之后适应工作需要而读书，这种有用读书仍然是人读书的主旋律。

当然，在上学与工作阶段，除了有用读书，即为了应试、工作等而读书外，也会有无用读书，即按自己的兴趣随意读书。不少人在中学时代就读了许多文学名著，这些书与应试关系不大，就属于无用读书。我上中学是在1950年代末，当时没有大量习题、辅导资料，也没有网络。有用读书之外余下的时间还不少，我们学校又有一个相当好的图书馆，因此读了许多有用与无用的书。进入大学后要读的专业书多了，有用读书成为主旋律，不过也读了不少无用之书，比如翦伯赞先生的《中国史纲》，周一良先生的《世界通史》，丹纳的《艺术哲学》之类。这种看似无用的读书，对应试等也起过作用。记得"外国经济史"课考试是口试，答完题之后老师随意问问题，问了一个非洲殖民化过程中的问题，我正好读了约翰·根室的《非洲内幕》，回答了问题，得了一个好成绩。

当然，有用读书，毕竟有约束，有些书你并不喜欢，但喜欢不喜欢都必须读，就只好硬着头皮读下去。也许这种书，当年你下功夫读了，以后也没什么用。尤其是教条式的教科书、参考书，读起来很乏味的。有用的书毕竟有一个范围，这也限制了你的阅读面，使你孤陋寡闻。因此，我主张中学、大学必修课不必太多，要给学生留下发展自己兴趣与才华的空间，这就是有用的读书不能占用太多时间，要让学生去读无用的书。工作时追求也不必太多，留点时间读无用的书。但任何人都不能摆脱读有用的书的阶段，无论你爱不爱。这时读书的确有点"被"或"逼"的状态。

我最喜欢还是作为无用之人读无用之书的状态。完全从兴趣出发，没有任何目的，把读书作为一种享受，正如喝一杯茶或品一杯酒那样。这正是这本书题目的来由。

要读无用之书，必须成为无用之人。人无用了，完全没有约束了，才有完全自主决策的自由，才可以为所欲为。一般来说，人是在退休后才能处于这种状态。不过由于我成长于革命时代，就有了两段作为无用之人的时间。一段是大学毕业后1968—1978年被发配到东北林区。当然也有工作，还算有用之人，但所学知识无用，也看不到什么前途，没有目标。这时在读书上就属于无用了。尽管这一段生活颇为艰难，政治环境又不好，且心情郁闷，但现在回想起来是一生中最愉快的读书时期之一。另一个则是六十岁退休之后，我是在六十岁生日那一天彻底裸退的。单位的约束完全摆脱，尽管还出去讲点课，发挥发挥余热，但"热度"几乎近于零，不能温暖别人，更不会引起温室效应，时间完全可以自由支配。这时读书又回到无用状态。有人问我，一生什么时候最幸福，我认为就是退休之后。这是完全任意读书的时代。

先讲"文革"时那一段。上大学时总感到自由读书的时间太少，毕业后赶上这么一个混乱但也约束不多的时光。毕业时就想到一个偏僻的地方好好读书，这样就来到无人愿去的黑龙江林区。尽管当时社会上"读书无用论"流行，且在文化专制下可读的书也有限，但毕竟自己有点藏书，且读书条件也可以自己争取，因此也还是读了点书的。

我的专业是马克思主义政治经济学，这方面的书还有一些。我就从认真读这些书开始。当年毛主席曾给高干们开了一个30本马克思主义经典著作的书目，"文革"中又倡导高干们读6本书。我就从读这些书开始。有一次我读《反杜林论》被工宣队看到了，指责我还读资产阶级的书。我把书扔给他，告诉他这是恩格斯的书，是毛主席推荐的，又上纲上线了一下，反问"你反对我读马列的书，该当何罪？"他是文盲，不敢再说，于是我就理直气壮地读书。即使读其他书，包一个书皮写上马克思什么书，就无人敢问了。我一本一本地读这些书，且写了两大本笔记，还写了一些读书体会之类的文字。以后读了一些单位编写的辅导资料，感觉我理解的比他们好。大约1970年代初，有一个中央文件中提到马克思主义的三个组成部分，我就写了一篇文章解释含义，并寄给《黑龙江日报》。不久该报发了一篇介绍这个问题的文章，当然不是我写的，但比我写的差多了。虽然我知道写文章想发表是不可能了，但我仍然认真读书。以后又读了《资本论》三卷。这是我一生中读马列最认真，且读的最多的一个时期。从读书中也认识到"四人帮"宣传的那一套并非马克思主义，自己反抗，当然不可能，但不同流合污还是可以的。

此外读得多的就是古文。我有一套王力先生主编的《古代汉语》，认真学了一遍后，又借讲"儒法斗争"读了《论衡》《韩非子集》《史记》《资治通鉴》等允许读的书。同时向别人借了一本《辞源》，解决读这些书中不解的问题。"文革"

前我买过五册中华书局出版的《中华活页文选》，在校时选读过，这次就全读了。还读了一些古诗词，甚至还为我的孩子选编了一本儿童读的古诗词（刚编了一点就赶上考研了，未完成）。当时年轻，尽管是无用的读，自己还想做点事。读《巴黎公社史》，还想写一本小说；读商鞅变法的书还想写一本"商鞅之死"的剧，赞扬商鞅的改革精神，不过都是想想而已。《商鞅之死》写了一幕也写不下去了，想来还是自己天分不够。

我爱文学书，但除了一套《鲁迅全集》（1963年版）外，其他藏书不多，于是就认真读鲁迅。我特别推崇鲁迅先生，读这套书时还摘录了其中一些格言式语录。当时有哈尔滨下放的干部到林区，我也向他们借书读。《莎士比亚戏剧集》（朱生豪译），就是借来读的。他们有什么书，我就借什么，读过的，没读过的，都读。当然，我也无法穿越，只能出什么书读什么书，而无论好坏。当时我订阅了《自然辩证法》《学习与批判》《朝霞》等刊物，每期都读。当时出书少，书也便宜，只要见到的书就买，什么《李白与杜甫》《牛洋田》《虹南作战史》，等等，都是那时购买并读过的。那时真是饥不择食。

除读书之外就是自学英语。我中学大学一直学的是俄语,自己还译过俄文版的《西欧六国共同市场》(当然没出版)。后来中苏交恶,感到俄语没用了,于是"文革"中开始自学英语。当时用的课本是英国出版的《基础英语》(旧书店所买)和北大的第二外语教材三本。在此基础上又读了张道真先生的《实用英语语法》,并阅读了其他书刊。除《北京周刊》外,还订阅澳大利亚共产党机关报《先锋报》,读旧书店买来的英语故事书、小说等。没有人教,也没法学习口语,因此我的英语听说始终很差,至今成为憾事。

这些读书学习完全从兴趣出发,没有任何目标,也没想过"读书改变命运"之类,但以后对我的确起到了关键作用。正因为一直坚持读书,1978年招考研究生时,我才能以五门课439分的总成绩,再次进入北大,这才有以后的一切。看来无用的读书,以后不知什么时候就变成有用的了。"文革"中认真读书,读得比我多、比我好的人还有一大批。就当年我们研究生同学而言,中文系的钱理群、西语系的张隆溪、哲学系的陈来,还有不少如今已成为院士的理科同学,都是"于黑暗处静读书"的佼佼者。比起他们我常反省自己,不过这也有天分的原因,我不如他们很正常,但我努力了,就是没有虚度光阴。

第二个作为无用之人读无用之书的时期,就是60岁退休至今天。退休，没有了一切工作任务和约束，也再没有什么追求，这就是随意读书最好的时光。自己对什么有兴趣就读什么，甚至《鬼吹灯》这类书也读过，而那些严肃的经济学著作，不爱读就不读。人退休之后最怕寂寞无聊，我住郊区乡下，来往朋友不多，对老年人的街舞、麻将、养生之类毫无兴趣，唯一填补退休空虚的就是读书了。读到一本好书，有一点感悟，就是一种幸福。如同打麻将的老人赢了钱，或跳舞的老人浑身大汗一样。我退休生活的模式就是"活着，读着"。

当然，退休了，读点书作为燃料就可以发挥余热。退休后，主要为一些学校的EMBA或EDP（高级经理人发展课程）讲课。读书可以给讲课更新增加点内容，"中国商帮文化"就是在自由读书的基础上新开的一门课。也可以任意写点东西，我许多普及经济学的书，如《经济学是什么》《寓言中的经济学》都是退休后写的。退休了，没有任何考核指标，也不想评奖之类，写起来更自由。尽管一些普及性的书在许多专家看来"没有学术水平"，但自己觉得好就写，退休老人还讲什么"学术水平"？人最大的欢乐来自自由，对一个读书人而言，自由地读，自由地写，就是最大的自由。如此自由的生活给个皇帝也不换。

我在无用的读书中有所感悟也写了一些文章，所写的文章陆续编为《想读》[1]、《随书而飞》[2]出版。如今这本《无用才读书》就是近年来写的文章的汇集，与爱读书的朋友交流，也希望得到批评指正。

本来是一篇序，没想到写这么长，只好作为一篇文章，称为"代序"。

---

[1] 上海书店出版社，2013。
[2] 北京大学出版社，2014。

历史没有新故事

1900年，八国联军攻陷北京。大清帝国实际最高统治者慈禧太后带领名义统治者光绪皇帝和部分大臣及宫中各色人等仓皇向西逃跑。经历两天苦难颠簸之后于阴历八月初十入住祁县大德通票号总号院落。

慈禧和光绪皇帝为什么不由山西巡抚安排住在官府大院而进了一家私人大院？乔家的大德通为什么能有接待这样尊贵客人的殊荣？耗资巨大的接待又给乔家带来了什么？

原来这一切都是由跟随慈禧太后而行的内阁学士、内务府总管桂春安排的。在决定这次行程之后，桂春就写了一封信给大德通票号的大掌柜高钰，告诉他"銮舆定于初八日启程，路至祁县，特此奉闻，拟到时趋叩不尽"。桂春为什么要这样安排？原来高钰早就是桂春的密友，高钰早就希望有机会能与帝国统治者慈禧太后接上关系，桂春就利用这个难得的机会满足了高钰的夙愿。高钰得到消息就把大德通总号大院大加装饰一番，作为慈禧一行的行宫。在这里慈禧一行受到最高规格的接待。乔家为慈禧一行准备了他们在宫中闻所未闻的山西特色宴席，使慈禧一行在两天的挨饿之后大快朵颐，完全放松休息。临行前又借给囊中羞涩的慈禧30万两白银。慈禧太后对这次西行中乔家的接待甚为满意，念念不忘。交结慈禧当然有回报。慈禧回京后，不仅同意票号可以汇兑官饷，而且把《辛丑条约》中规定的给各国赔款本息近10亿两银子交由票号汇兑。各省把每年应缴的赔款交给当地票号的分号，由票号汇给汇丰银行，再由汇丰银行转给各国政府。当各省财政困难时则由票号贷款给各省。这样票号就在一头牛身上剥下了两张"皮"，一张是汇费，另一张是利息。因此，1900年到1910年是票号的极盛时期。当清政府决定办户部银行（后改名大清银行，民国后改为中国银行，即今日中国银行之源头）时，慈禧还把这件大事交给山西票号。可惜山西人失去了这个机会。

接待慈禧是晋商最成功的一次官商结合。实际上，晋商能成为天下第一商帮，不仅在于自己的制度创新和诚信的企业文化，还在于官商结合。在当时中央集权的政治制度下，经营一个小企业，官商结合并不重要，但如果企业要做大做强，就必须官商结合。官商结合是专制时期经商、做企业成功的唯一道路，正如自古华山一条路一样。为什么？

公元前221年，秦始皇统一中国，建立了秦王朝之后，直至1911年清灭亡，一直是中央集权专制社会，而明清时代则是这一体制的全盛时期。这种制度的基本特点是儒表法里，即讲王道而行霸道。而且，法家的法制并不是现代的法治。现代法治是保护公民、限制政府的，但法家的法制是作为政府压迫剥削人民的工具的。而且，这种法完全是由统治者制定并实施的。皇帝的一句话就是至高无上的法律，不用经过什么程序。因此，现代法治国家是制度治国，而中央集权专制下的法制是人治。这就使统治者的权力无限扩大，公民，包括商人的权利根本得不到保证。如果把官商结合作为一个市场，那么，供给者就是统治者、官员，需求者则是商人。

商人是逐利的。他们需要权，一是为了保护自己。在中央集权专制社会中，尽管有私有财产，但并没有保护私人产权的法律。政府可以随时以各种借口剥夺私人财产，甚至生命。保护还是剥夺私人财产的权力，说得远一点是在皇帝手中，说得近一点是在各级官员手里，完全取决于这些人的意愿。官商结合起码可以获得对自己已有财产和生命的保护。这就是古代把地方官称为"父母官"的深层次含义——父母可以给你一切，也可以剥夺你的一切。所以，官商结合的最低层次是为了保护自己。商人赚钱多了，就要用不同的形式把自己的一部分钱献给官员，以求得保护，这就相当于交给黑社会的保护费。二是为了发展自己。在中央集权专制制度之下，一切资源归政府，归皇帝。这就是"普天之下，莫非王土"的含义。而且，经商的权力也是政府"赐"给你的，并不是你的天生人权，给你多少资源，多少经商的权力，完全取决于政府和官员。同时，这种社会中政府也是极为重要的商品和劳务的需求者，政府是个大市场。所以，官商结合的更高层次就是求发展，把企业做大、做强，赚更多的钱。这种多赚钱的资源、权力和市场也要用钱去换。资源、权力、市场机会都在政府手中，这就需要官商结合，向官员去买。在任何社会中，资源、权力、市场都要付费，但相比较而言，官商结合，向官员买，而不是市场竞争，是成本最低的，商人何乐而不为？

公共选择理论证明了，政府官员也是利己的，一切行为的最终目标都是为了实现自己个人利益的最大化。所谓"当官不与民做主，不如回家卖红薯"，不过是刚入官场时的理想主义乌托邦，或者是极个别儒家教育出的"傻子"，如海瑞之流。绝大多数官员把这句话作为托词，既骗别人、也骗自己，作为做一切恶事的挡箭牌，也作为对自己恶行的一种安慰。正如土匪杀人放火打着"替天行道"的招牌，完事之后，又去拜佛求得心理安慰一样。为民，多少坏事假汝之名？为了实现这种利己的目的，官员首先就是要把自己的权力转化为金钱。于是，他们把自己掌握的资源、权力、市场拿出去卖。这是一种无本生意，所以才有"三年清知府，十万雪花银"之说。在中央集权专制下，官员的权力是绝对的，绝对而不受约束的权力就必然产生绝对的腐败。

商人有需求，官员有供给，这就有了官商结合的市场。晋商从小到大正是沿着这一条路走过来的。一部晋商成功史，就是一部官商结合史。

山西人早就经商。据日本学者宫崎市定在《历史和盐》一文中的考证，中国商业起源于盐。山西南部运城的盐池生产自然结晶的盐，从而出现了最早的商业，山西人是中国最早的商人。但山西商人形成被称为晋商的商帮是在明初。那时，为了保证北部"九边"（相当于现在的九个军分区）的供给，政府采用让商人把粮草等军需品运到北部九边换取允许从事盐业贸易的"盐引"的"开中制"。山西商人利用这一时机形成晋商。在明代中期"开中制"转变为在内地以银买盐引的"折色制"之前，晋商的商业活动以盐业为主。给予"盐引"的权力在政府，因此，这种盐业贸易就必然借助于官商结合。

这种官商结合最典型、最成功的案例就是蒲州（今运城市下属的永济市）的张、王两家。

张家第一代成功的商人是张允龄，他是白手起家成功的。他的儿子张四维在嘉靖三十二年（1553）中进士，先后任编修、翰林学士、吏部侍郎。万历三年（1575）由张居正举荐，以礼部尚书兼东阁大学士进入内阁。万历十年(1582)，张居正去世后出任内阁首辅。其弟张四教是当时有名的大盐商。王家第一代成功的商人是王瑶、王现兄弟。王瑶的三子王崇古在嘉靖二十年（1541）中进士，历任刑部主事、陕西按察、河南布政史、右副都御史、兵部右侍郎、宣大总督，王崇古之兄王崇义也是当时有名的大盐商。这两家还是姻亲，王崇古是张四维、张四教兄弟的舅舅。这两家的姻亲都是名震一时的富商达贵。张四维的三个弟媳分别出自当时的巨商王氏、李氏和范氏,张四维的女儿嫁给内阁大臣马自强之子马淳,马自强之弟马自修是著名的陕商,王崇古的大姐嫁给侨居蒲州的盐商沈廷珍之子沈江。这两家组成一个亦官亦商的家族联盟,垄断了盐业贸易。隆庆五年(1571)河东巡盐御史郜永春上奏"河东盐法之坏由势要横行",要求"治罪崇古,而罢四维"。当然这种奏折最后只能不了了之。

明代中期,盐业从开中制转向折色制。盐商分为仍然运粮换盐引的"边商"和在内地用银子换盐引的"内商","边商"衰落,"内商"兴起,这就是徽商形成的机会。但晋商并没有衰亡,因为他们及时地由盐业转向与北部少数民族的多元化贸易。使这种转型成为现实的则是官府。当时北部边疆蒙古人一直是明朝的巨大威胁,但隆庆四年(1570)明蒙关系出现了转机。蒙古人上层统治集团内的矛盾,使蒙古俺答之孙把那汉吉弃蒙投明。当时朝中两派主张相反,一派主张利用这一机遇剿灭蒙古人,另一派主张"封俺答,定朝贡,通互市"。后者的代表人物就是张四维与王崇古。他们这种主张的确比战争更有利于国家与人民,但也不可否认其背后隐藏着商业家族的巨大利益。这种主张的取胜使晋商又有了新的机遇。

清初成功的晋商仍然是从明代而来的。在明代中期放开对少数民族的贸易之后，许多山西商人与女真人（满人）通商，并建立了友好关系。清朝建立后皇帝把8家晋商封为"皇商"。康熙二十九年（1690）、三十五年（1696）和康熙三十六年（1697），康熙亲自率军平定叛乱的噶尔丹的准噶尔军队。当时由官方运粮至前线，每石粮需120两银子。八大皇商之一的范永斗之孙范毓馪主动提出以每石粮40两银子的价格为军队运粮，以后又降至25两、19两。10年间运粮百万余石，节约军费600余万两。范毓馪不仅被封为太仆寺卿衔（正二品），而且获得了更多商业机会。在盐业中获得河东和长芦两大盐场的运销经营权，供应一千多万人的食用盐，其间利益之大不可想象。范家还进入了当时获利最大的对日贸易。当时国内缺铜，对日贸易就是出口丝绸、茶叶、瓷器等到日本，然后从日本进口铜，其利润之高"大抵内地价一，至倭可易五，及回货，则又以一得十"。从事这种贸易当然属于皇帝才能批的特权，范家从事这一行业最多时占到对日贸易的三分之一。从事这种贸易用船运输，因此称为"船帮"。范家还利用权力，从事其他贸易、开矿等，富可敌国。

晋商在清代号称有三大帮。除了对日贸易的"船帮"之外，还有"驼帮"与"票帮"。驼帮就是把国内福建、湖北、湖南等地的茶叶用骆驼运至蒙古、俄罗斯等地。从张家口出发到蒙古、俄罗斯的运茶路线被称为"陆上茶叶之路"。出口茶叶要经过政府批准，领到"龙票"（出口许可证），而"龙票"的发放权在政府官员手中，这就需要官商结合。"票帮"，即从事票号业，则更离不了政府，离不了官员。

道光三年（1823），第一家票号"日升昌"成立，这标志着票帮的开始。以后又陆续有多家票号出现，在清代的51家票号中，晋商有43家，其中22家总部在平遥。这就是平遥被称为"中国华尔街"的原因。票号被称为现代银行的"乡下祖父"，是中国金融史上重要的一章。票号主要从事汇兑、存贷款以及发行银票、代办捐项（为捐纳官职者服务）、平色余利（以各地不同成色的银锭兑换标准银锭）。其中汇兑和存贷款为主营业务。起初这些业务的服务对象主要是商人和企业，但想做大就必须进入官饷汇兑。清代的祖制是用银鞘解运，即把一段树木劈为两半，挖出坑放上银元宝，然后加封由军队押运。朝中许多大臣坚持遵守祖制，反对把官饷交由票号汇兑，票号要实现汇兑就必须得到官员的支持，这正是他们寻求官商结合的主要动机。

官商结合当然最好是一家中既有人当官，又有人经商，如明代张、王两家的模式。但清代晋商中这样的家庭已经极少了。所以，这时的官商结合还要走行贿之路，官员既不是个个像《大清相国》中的陈廷敬那样家中经商有钱不用受贿，又不是像康熙时的廉政模范于成龙一样甘于贫穷，拒腐蚀永不沾。绝大多数官员，即使如张之洞那样号称"清流者"也会以不同形式受贿。晋商票号中的许多职业经理人（大掌柜）也都是行贿高手，因此他们在官场就有了广泛的关系网。高钰不仅是桂春的密友，还有许多官场密友，晋商中也不是只有一个高钰，还有许多公关高手。

高钰在官场可以说如鱼得水，人脉关系极其广深，与高钰交往更深的是曾任山西巡抚的赵尔巽。赵尔巽出任四川巡抚，高钰也去了成都；赵尔巽出任黑龙江将军，高钰也跟到黑龙江；赵尔巽回到京城，高钰也回来了。与高钰相交甚深的官员还有曾任山西巡抚的岑春煊、丁宝铨，九门提督马玉锟等。

不仅是高钰为大德通造就了官场人际关系网，其他票号也同样。乔家的另一家票号大德恒大掌柜闫维藩与湖广总督端方关系甚密，端方曾在大德恒东家乔致庸家住过一段。合元盛票号的汉口掌柜是湖广总督瑞澂的干儿子，总督府的差役不敢称其名，只称"三少"。蔚泰厚票号与江苏地方官王锡九等人"交结甚厚",蔚丰厚与甘军将军董福祥关系颇深,蔚丰厚曾在迪化(今乌鲁木齐)开设分号,专门为其服务,汇兑和收存董福祥部的军饷。蔚盛长交结庆亲王。百川通与张之洞甚好,张之洞离开山西后想任两广总督,由百川通借给10万两银子活动。张之洞任两广总督后,百川通广州分号掌柜邢象宾是张府常客。协同庆亦与张之洞甚好。三晋源交结岑春煊,日升昌交结历任粤海关监督、庆亲王、伦贝子、振贝子和赵舒翘等达官贵人。票号与这些人的关系有多深呢?袁世凯未成大官时想拜见李鸿章,苦于无门路,是通过三晋源票号的关系,在票号账房中拜见李鸿章的。民国时研究晋商的学者陈其田在其1937年出版的《山西票庄考略》中指出,"票庄(即票号)与官场的私下勾结,更多趣闻","在京的几个大票庄,拉拢王公大臣,在外省不啻为督抚的司库"。

　　投资于官员,当然会有高额回报,这就是借权发财。最大的回报就是进入政府的官饷汇兑。太平天国起义爆发后,银鞘运官饷受到极大干扰,各省要求交由票号汇兑,但保守派以维护祖制为由坚决反对。当时与票号有深交的封疆大吏张之洞、端方、岑春煊等不顾朝廷禁令,仍由票号汇兑官饷。直至慈禧西行之后,这一禁令终于彻底解除。这对票号有多大影响呢？汇兑的官饷在同治六年（1867）为455万两，同治十一年（1872）为301万两，光绪三年（1877）为292万两，光绪十七年（1891）为533万两，而到光绪三十二年（1906）就达到2256万两，甚至在清亡的宣统三年（1911）还有533万两。汇费有多大，恐怕不难算出。何况，除了汇兑之外，地方政府困难时亦向票号贷款，尽管没有完整的统计资料，但肯定不是小数，其利息之丰厚自不必说。许多与票号关系密切的地方官员还给予晋商经营多方面的关照，使晋商及其票号在各地如鱼得水。

但是靠政府的权力成功的商人一旦失去背后的靠山，也势必落得个"树倒猢狲散"的下场，这就是"兴也官，衰也官"。当商人靠官发财，富可敌国，而威胁到当权者的统治时，商人的末日也就来了。船帮的范家靠官发财，家财在千万两银子以上，又在家乡介休修建了号称"小金銮殿"的豪宅，这就引起乾隆皇帝的警觉。乾隆四十八年（1783），范家终于被抄家，一代富豪烟消云散。当然，这还仅仅是一个范家。而清末，就不仅仅是一个范家了，而是整个晋商的灭亡。

晋商是在1911年清政府灭亡之后衰亡的，直接原因之一是清朝各级政府借了晋商700多万两银子，清灭亡后，这些钱就成了无法收回的烂账。更重要的是由于保守封闭和依靠政府成功的模式使其没能实现成功的转型。

传统社会中的山西商人要成为现代社会的企业家,必须实现两个转型。一是从商业转向现代产业(制造业);二是由票号转向现代银行。晋商有转型的机会,但没有抓住。19世纪70年代德国人李希霍芬在山西发现了极为丰富的煤矿资源,他估算按当时水平计算贮量够全世界用1300年。这个发现震动了世界。有意大利人罗莎在英国组建以夺得山西煤矿开采权为目标的福公司,并勾结中国官员获得成功。山西人民掀起保矿运动,而且成功地迫使政府收回矿权,由山西商人组成保晋公司进行开发。该公司由晋商渠本翘任总经理,计划用股份制筹资800万两白银,用现代工业生产方法开采煤矿。但依靠官员可以赚大钱的晋商们对这项工程毫无兴趣,最后只集资193万两,不到原计划的四分之一,加之没有管理现代企业的经验和其他困难,终于在艰难维持一段后于1937年破产了。这里固然有许多原因,但长期依靠官商结合赚钱、失去自身竞争力是重要原因之一。

从票号转向现代银行也有机会,当慈禧决定让晋商组建户部银行时,晋商根本不知道中央银行为何物,拒绝了。第二次是袁世凯请山西人为其办官办银行,但山西人对袁世凯人品印象极差,也拒绝了。第三次是蔚丰厚票号北京分号掌柜李宏龄倡导用股份制的方法把票号改组为现代商业银行，名为"三晋银行"。他的主张得到许多分号掌柜的支持，但大东家、大掌柜满足于官商结合赚大钱，反应消极，甚至反对，最后也没成功。失去这些转型机会之后，晋商只有死路一条了。这是辉煌晋商的悲剧结束，也是山西由富变穷的关键一步。

中央集权专制之下，官商结合是商人成功的唯一道路，也是商人失败的必由之路，这种制度阻止了中国从传统社会进入现代社会，也压抑了市场经济的成长和民富国强。天不变，道亦不变。中央集权专制的制度不变，商人和企业家，国家与人民的命运就不变，在这种制度下，商人和企业家的故事就没什么花样翻新。在相同的制度下，历史没有新故事。

（初刊《游山西话晋商》，北京大学出版社，2015年）

历史，可以化妆不能整容

　　写历史应该是客观的，如实地再现过去的事情。但写历史的总是人，每个人有自己的立场、观点、好恶，要真正客观是不可能的。对自己所爱的，做一点化妆，使之更美，是人之常情。英国学者李约瑟的《中国科学技术史》（英文版原名《中国的科学与技术》，我读的是科林·罗南所改编的简编本。中文本江晓原策划，上海交通大学科学史系译，五卷本《中华科学文明史》[1]。）就美化了中国在科学和技术中的成就。这与李约瑟的中国情结相关。不过书中所写的中国人的发明都确实存在，无非做一点化妆、拔高而已。这本书仍有开创性意义，也值得看。

但是，如果对历史进行彻底整容，搞得面目全非，如同从韩国整容归来，海关不让入境一样，那就不该容忍了。最近，读了加州学派领军人物彭慕兰（Kenneth Pomeranz）的该派代表作《大分流》[2]，就深感这本书对明清的中国历史作了相当彻底的整容，也达到过不了海关的程度。

要知道《大分流》是如何对明清史整容的，首先必须了解对明清历史的正统观点以及加州学派的新观点。

自黑格尔、亚当·斯密、马克思以来，西方主流学术界把明清时的中国看成是一个停滞、封闭的国家，当代中国史权威费正清也继承了这种观点，剑桥中国史的明清部分也是根据这种观点编写的。费正清认为，中国近代的变化不是中

---

[1] 上海人民出版社，2001年1月。
[2] 彭慕兰：《大分流》（*The Great Divergence : Europe, China, and the Making of Modern World Economy*），中文本，史建兰译，江苏人民出版社，2010年7月。

国自身发展的结果，而是对帝国主义国家入侵冲击的一种回应，这就是"冲击—回应"理论。中国史学界尽管有明清资本主义萌发说，也有吴承明等学者反对这种观点，但1949年以后建立的马克思主义史学体系作为中国的主流史学，也接受了西方的观点，因为这是马克思的观点。这种观点认为明清时期是中国封建社会的顶峰，是一个停滞和封闭的时期。中国的各层次历史教科书也按这种基本观点编写。近二三十年，国际上有一些学者对这种传统观点提出了挑战。他们认为，明清时中国经济有相当大发展，社会、文化也经历了深刻的变化，中国在国际贸易中扮演了非常重要的角色，甚至已开始融入全球一体化。总之，中国明清时代既不停滞，又不封闭。在这些学者中，作为代表的正是加州学派，或称尔湾学派，因为这种观点的主要创立者彭慕兰、王国斌等教授在加州大学尔湾分校任教。支持者以日本学者居多。最近在中国畅销的日本讲谈社的《中国的历史》中的《海与帝国·明清时代》就采纳了这种观点。[1]

最早接触这种观点是读日本学者滨下武志的《中国、东

---

[1] 以上简介参看：《海与帝国·明清时代》中李伯重教授的"推荐序"，广西师范大学出版社，2014年1月。

亚与全球经济:区域和历史的视角》[1]。读完后我写了一篇书评《对中国近代转型的第三种解释》[2],对这种观点"仍不能认同",坚持认为"中国和东亚各国是停滞的,开放与现代化转型还是西方冲击的结果"。当时还没有读过《大分流》,现在看来,有些说法不够准确。读过《大分流》,对加州学派的基本观点有了更多了解,也产生了更多疑问。

我的第一个疑问是作者所用的研究方法。彭慕兰教授比较中英两国经济时,不是根据两个国家整体经济进行比较,而是比较每个国家的一个地区,并把从这种比较中得出的结论用于整个国家。这种方法来自加州学派的另一个重要学者——他的同事王国斌教授。彭慕兰教授指出:"我们俩都强调,在进行东西方比较(或者任何比较)时所用的单位必须具有可比性,而现代民族国家理所当然不必然构成这些单位。"所以,他认为"江南——而不是整个中国——是英格兰(或者英格兰加上尼德兰)的一个合理的比较对象"。他甚至认为,"中国作为一个整体(或印度作为一个整体)更

---

[1] 中文本,社会科学文献出版社,2009年12月。
[2] 发表于《财经国家周刊》杂志,后收入文集《想读》,上海书店出版社,2013年1月。

适合与整个欧洲而不是具体的欧洲国家进行比较；正如中国有富裕的江南也有贫穷的甘肃一样，欧洲同样既包括英格兰，也包括巴尔干"。[1]

进行比较研究时，只能用相同的单位比，不能用不同的单位比。在作者进行比较的明清时代，中国和英国都已是一个统一的民族国家。作为一个国家有自己的政治制度、意识形态、文化、语言，也有一个共同的统治者，这才有可比性。中国的江南和甘肃尽管经济差距相当大，但它们都属于中国；而英格兰和巴尔干尽管经济差距相当大，但至今仍不是一个国家，根本不存在可比性。而且，用每个国家的个别先进地区来代表一个国家也是错误的。正如现在你能用北京、上海等大城市的经济发展水平来代表中国，得出中国领先于美国的结论吗？同样用明清时的江南与英国的英格兰相比，得出中国领先于英国的结论显然也是不妥的。每个国家无论大小、强弱，都是一个完整的独立体。国与国的整体比较才有意义。欧洲与中国不是同一层次的单位。中国无论面积多大，人口有多少，经济差距多大，仍然是一个统一的国家。这与有许多不同国家的欧洲根本无法相比。比较

---

[1] 《大分流》第3页，以后本篇中凡《大分流》中的引言，只注页码。

中国的江南地区与英国的英格兰地区是可以的，也是有意义的，但把由这种比较得出的结论推广到中英两国就不对了，毕竟英国还有苏格兰、爱尔兰、威尔士，中国也还有甘肃和广大的中西部地区。而只用江南地区和英格兰地区分别代表中国和英国显然有失偏颇。

我推测，作者选用这种并不科学的方法是为其目的服务的。彭慕兰知道，如果用整个国家进行比较，很难得出大分流在"十八世纪相当晚的时候才出现"（第2页）的结论，更得不出在此之前中国和英国发展水平相当的结论。因此，他就用地区代表国家，比较江南地区和英格兰，得出他想得出的结论。为达目的而选用并不科学的比较方法，这是极不严肃的。直至今天一些西方学者宣扬"中国威胁论"，用的不正是用中国发达地区来代表整个中国的方法吗？

运用这种方法，作者得出的结论是，中英两国"在我们能够对其进行计量的范围内，大多数人的生活水平，在经济因素中占关键地位的劳动生产率、重要日用品市场及生产要素市场的广度和自由度，看起来都大致相同"（第6页）。进而得出结论，"清代中国与一个早期资本主义的理想模式明确不同的那些方面并不是必然构成对发展的制约"（第6页）。以及"中国比较富裕地区迟至18世纪中后期，在相对意义上极具经济活力,相当繁荣"(第7页)。这其中包括了两个问题,一是明清时代江南经济及它代表的中国经济并不停滞。二是中国的市场经济已经有相当发展,并不落后于英国。

作者得出这一结论的根据是每人每日摄入的卡路里,每人每年消费的织物(丝绸与布),住的房子及家具,消费的糖,纺织工人的劳动生产率,土地的亩产以及所消耗的氮素肥料,等等。

作者所用的这些数据对反映一国或一个地区的经济发展程度是有意义的,我们假设彭慕兰计算的这些数据也是正确的,但这些数据属于个量经济指标数字。要说看经济发展状况更重要的还是GDP和人均GDP这样的宏观经济指标数字。我没有找到江南与英格兰地区的这类数字,但是有中国与英国相关的数字。英国学者安格斯·麦迪森(Angus Maddison)所编的《世界经济千年统计》[1]得到学界的广泛好评。这本书中有中英两国的GDP与人均GDP的历史资料。当然,这个资料也不全。不过用这个数据看看中英两国的经济状况,还是有意义的。《世界经济千年统计》中用的是1990年国际元(以下简称元)。这是在比较各国经济时常用

---

[1] 北京大学出版社,2009年1月。

的一个单位，使各国的 GDP 与人均 GDP 可以比较。

先看 GDP。中国 1820 年的 GDP 为 2286 亿元，到 1913 年为 2413.44 亿元。93 年间的总增长率为 5.6% 左右。近百年仅增长了 5.6%，这不能不说是一种停滞。在此之前，中国 1600 年为 960 亿，1700 年为 828 亿，反而减少了，（大概与明末农民起义和清人入关相关）。清朝建立，经历了康乾盛世后才增长到 1820 年的 2286 亿。[1] 此后中国经济并没有出现重大突破，中国经济大体上在这一水平上下波动。再看英国同一时期的 GDP。1820 年为 362.32 亿元，1913 年为 2246.18 亿元，总增长率为 520%。在这同一时期，英国的总增长率几乎为中国的 10 倍。应该说，这与英国在 18 世纪后期开始的工业革命相关。那么在 1820 年前，英国增长率有多少呢？1500 年英国的 GDP 为 28.15 亿元，1820 年为 362.32 亿元，320 年总增长率为 1187.1%。1500 年，中国的 GDP 为 618 亿元，到 1820 年的 2286 亿元，增长率为 270% 左右。在 1820 年，中国的 GDP 比英国高 5.3 倍，到 1913 年仅高出英国 7.4%。[2] 由此可以看出中英两国增长率的差别。

---

[1] 麦迪森：《世界经济千年统计》，北京大学出版社，第 267 页。
[2] 同上书，第 267 页。

再看人均GDP。中国人口远远多于英国，GDP高很正常，比较人均GDP更为重要。中国人均GDP，1820年为600元，1913年为552元，下降了0.7%。中间的年份除了1850年持平外，比1820年一直是减少的，1870年为530元，1890年为540元，1900年为545元。同期中，英国的人均GDP，1820年为1707元，1913年为4921元，增长率为188%，中间一直是增长的。英国1500年的人均GDP已达714元，高出中国1820年19%。[1]面对这些数字，能说中国与英国经济水平相当吗？能说中国经济不停滞吗？

作者用织物、住房家具、糖等的消费来说明中国人的生活水平，这些数字很难做到可靠，而仅仅是江南地区的数字也无法说明全国的情况。在清代，中国人的生活水平如何呢？乾隆五十八年（1793），英国以马戛尔尼为首的第一个访华团在回国后所写的报告、回忆录描述中国人"都如此消瘦"。原来想象的是中国极为富庶，黄金遍地，但"事实上，触目所及无非是贫困落后的景象"[2]。学者洪振快先生在《中国的康

---

[1] 麦迪森：《世界经济千年统计》，北京大学出版社，第178页。
[2] 转引张宏杰：《饥饿的盛世：乾隆时代的得与失》，湖南人民出版社，2012年10月，第132—133页。

乾盛世还不如英国中世纪》中指出:"1500年左右的英国,一个普通的三口之家,每天可以获得8便士的工资,食物的支出是3便士。因此只要他们愿意劳动,他们就可以过上不算特别宽裕但无衣食之忧的日子。"而"清代雇工工值的四分之三,甚至五分之四以上用于饮食"[1]。如果你去看明清时在华传教士所写的日记和回忆录,恐怕说中国人生活水平高的不多,说中国人生活艰辛的不少。准确的数字也不如这种观察更真实,何况彭慕兰教授讲的情况有多真实,恐怕并非一致公认。

明清时代中国落后、贫穷、停滞的结论是许多学者在大量观察、研究的基础上得出的。黑格尔、亚当·斯密和马克思都没来过中国,但他们的结论来自大量来过中国的传教士、商人和其他人士的记录和回忆,也来自他们对中国明清时社会制度、意识形态的分析。推翻这样公认的结论需要更多能令人信服的数据资源,并从理论上论证中央集权的专制社会(过去习惯上说封建社会,现在看来这种说法可以商榷)如何能使经济发展和繁荣,能使人民生活幸福。可惜在《大分流》中除了对纺织工生产率、衣物、家具、糖这类对当时

---

[1] 洪振快:《官心民意:一本书看透了中国官场》,南方日报出版社,2011年11月。

仍处于农业经济社会的中国无足轻重的繁琐计算之外，并没有在理论上有所突破的分析。历史不仅需要事实，也需要理论。《大分流》的事实并不可靠，也不全面，尤其缺乏关键的数据（GDP、人均GDP），理论上亦无什么突破。推翻"明清停滞论"何其容易！

《大分流》对明清时代市场经济的夸张更为大胆。中国的学者至多是提出了"资本主义萌芽说"，即有萌芽，但远远没有成为参天大树。而在彭慕兰教授看来，中国明清时代的资本主义，即市场经济，已成为参天大树了。他说："十八世纪的中国（或许还有日本）比西欧实际上更接近于一种类似新古典主义理论的市场经济。"（第84页）而且"中国比欧洲大部分地区，包括西欧大部分地区，更接近于市场驱动的农业"（第85页）。这就是说在18世纪，中国的资本主义早已不是萌芽，而且比欧洲更发达。这个观点比明清没停滞更惊人，也更无根据。

从历史上看，传统农业社会的基本特征是以小农为主，以自给自足为目标。传统农业社会有商品交换，甚至形成相当发达的商品经济，如古希腊、古罗马商品经济都相当发达，但商品经济决非市场经济。市场经济以一套制度为基础，在工业革命前后，随着社会分工的扩大，支撑市场经济的各种制度形成，市场经济才渐进地形成并完善。亚当·斯密和"重农学派"所生活的18世纪，正处于从农业社会向工业社会转型的时期。他们的伟大就在于当市场经济正在形成时，就对市场经济的运行机制作出了大胆而正确的预测。

明清时代的中国经济是一个自给自足的传统农业经济，这种状况大概一直持续到1980年代改革开放之前。经济史专家李伯重教授曾提出："江苏无锡县，虽然该县很早就被认为是中国最富的县份之一，但在20世纪80年代以前，它一直是一个以农业为主的地区，农村人口占了全县人口的绝大部分。直到1983年我第一次到该县调查时，农村仍然相当贫穷。"[1] 无锡县是江南一个相当富庶的县城，但仍旧属于传统农业，何况中国其他地区？20世纪80年代尚且如此，何况明清时代呢？

我们不否认，在传统农业中也有商品生产与交换。棉花、丝、烟叶等经济作物基本是市场导向的，牛、马、羊、鸡等畜禽产品由市场主导的部分也不小，粮食生产中也有一些进

---

[1] 李伯重：《从新视角看中国经济史：重新认识历史上的江南农业经济及其变化》，收入《理论·方法·发展·趋势：中国经济史研究新探》，浙江大学出版社，2013年3月，第285页。

入商品流通，由市场导向。江南及部分以经济作物为主的地区，市场导向更重要一些。但就整个明清时代的农业而言，仍然是自给自足型的，包括最发达的江南地区。农民为满足自己的需求而生产，剩余的才进入市场。而且，以小农经济为主体，生产规模不大，剩余不多，进入市场的比例并不大。农业由市场驱动的结论由何而来呢？而且，作者没有给出相关的数据，证明农业中进入市场、由市场引导的贸易量比例有多大，也没有用数字对比中国和欧洲农产品市场化程度。这种结论违背了经济学基本原理，很难让人信服。

农业经济中也有商品生产与交换。明清时中国的商业相当发达，达到了中央集权专制体制下的顶峰，在世界上亦处于领先地位，并且已出现了为商业服务的金融业。当时出现了许多结成商帮与未结成商帮的商人，他们经营的地域遍及国内，甚至国外，富可敌国，但还不能称为商品经济，更不能称为市场经济。当然亦谈不上比欧洲大部分地区更接近于新古典理论的市场经济。

自从出现了人类社会，就有了互通有无的商品交换，但在进入现代社会之前都称不上商品经济或市场经济，仍居于自给自足的自然经济。只有在商品生产与交换在经济活动中占主导地位时，才能称为商品经济。只有在价格对资源配置起到决定性作用时,才能称为市场经济。明清时尽管商业活动相当发达,但经济主体仍然是自然经济,不要说全国范围如此,就是发达的江南地区也仍然如此。

说明清时代中国远未进入市场经济,最少有三个理由。首先,是整体经济水平落后,生产力并没有达到产生市场经济的水平。所以商业是附属于农业这一主导产业的。其次,就是没有出现大规模的制造业。当时的工业以手工业为主,无论是发达的纺织业、采矿业及形形色色的加工业,基本以家庭兼职或手工作坊为主,连18世纪亚当·斯密和"重农学派"时代的水平也没达到。所以,整个社会的分工和商品交易都没达到商品经济或市场经济要求的程度。资本主义的主业是制造业,资本主要是产业资本。马克思在《资本论》第三卷中分析前资本主义的资本时曾提出,当时商业资本"发生过压倒一切的影响"。前资本主义社会中,商业资本在资本中处于主导地位,包括高利贷资本。中国明清时代已是这样的时代。虽已拥有一定规模的商业资本,但尚未形成规模化的产业资本。最后,中央集权专制制度下缺乏一套与市场经济相适应的制度。统治者要维护自己的统治离不了商业,但商业的发展,市民文化的出现,会动摇集权专制体制。自给自足的自然经济引起的愚昧无知的个体生存状态是这种体制最好的经济基础。这是当时商人社会地位低下，只有依靠官府才能生存的原因。专门研究中国商业史的英国学者科大卫（David Faure）在他的《近代中国商业的发展》中指出："中国商业的发展很大程度上依赖于庇护制度，以及处于礼仪（而不是法律）规范之下的合伙关系。"[1]这里所说的"庇护制度"就是指依靠官员或家族保护，"礼仪"规范就是专制社会中的制度与意识形态。没有自由的商业能做到什么程度呢？只能当次要的附属品。

由自然经济进入市场经济不仅需要生产力的发展，更需要一套适于商品经济和市场经济发展的制度。而且，市场经济所必需的产业革命也以制度为前提。著名经济学家、诺贝尔奖获得者诺思（Douglas North）把英国工业革命和市场经济的产出归结为制度变革和技术变革的结果，而且制度变革是前提。（参看诺思和罗伯特·托马斯：《西方世界的兴起》，华夏出版社，1989年1月，以及诺思：《经济史中的结构与变迁》，上海三联书店，1991年6月。）英国历史学家艾伦·麦克法兰（Alan Macfarlane）在《现代世界的诞生》[2]中对英国

---

[1] 科大卫：《近代中国商业的发展》，浙江大学出版社，2010年7月，第160页。
[2] 上海人民出版社，2013年8月，第57页。

工业革命和市场经济的产生作出了卓越的分析。他指出："工业革命和农业革命是某个更恢弘的事物的组成部分，那就是市场资本主义（market capitalism）。市场资本主义是一个集态度、信仰、建制于一身的复合体，是一个寓经济和技术于其中的大网络。"这些态度、信仰与建制包括：法律保护财产的私有权，人民有较高的生活水平，一个庞大而昌盛的中产阶级的成长导致的等级观念淡化，文化活动的多样化，家庭观念的变化，公民社会的形成，国家和官员权力的淡化，保护人权的法律体系的建立，教育普及，知识传播，国家统一，宗教改革，等等。麦克法兰认为，英国正好具备了这些条件，因此最早产生了工业革命，进入市场经济，并成为现代化国家。当然并不是每个国家都必须走英国的道路，各国可以从自己的历史与现实出发选择自己合适的道路。但英国的道路说明工业化和市场经济以一定的制度、文化为前提都是共同的。

《大分流》最大的遗憾就是对明清时的社会制度和文化没有进行分析。不是没有深入分析，而是完全没提到。中国明清时代之所以停滞与保守正在于中国的中央集权专制制度一直没变，而明清正是这种制度的顶峰。无论是明代东厂、西厂的特务制度，还是清代的文字狱，都是以前历代没有出现的。宋代以来经过朱熹改造的儒家传统文化——理学一直处于主流意识形态的地位。这种制度和文化正是中国无法进入市场经济和现代化的根源,也是中国贫穷落后的根源。彭慕兰教授对18世纪中期前的江南经济一直赞叹不已,但他忘了,这种制度和文化给江南经济带来的限制与危害。整个中国,无论发达的江南,还是落后的其他地区,都在这种制度与文化下,怎么能把江南单独拉出来代表中国呢?在对比中国和英国时怎么能忘记这两国之间制度与文化的根本差异呢?彭慕兰教授不仅不进行制度与文化差异的研究,甚至还认为:"看来欧洲的科学、技术、理念趋势不是唯一合适的解释,所谓经济制度和要素价格方面的差异似乎更是毫不相干。"(第82页)科大卫评论彭慕兰在《大分流》中的观点时指出:"事实可能正如彭慕兰声称的那样,中国和西方工业实力的分岔只是在19世纪才变得显而易见,但是造成这种分岔的原因却在更早时代就已经开始潜滋暗长。"[1]这种原因也许有许多,但制度与文化肯定包括彭慕兰认为毫不相关的"理念"和"经济制度"。

在我看来,美化明清时代的中国经济属于面部整容,拔高中国的市场经济属于隆胸,而避而不谈制度与文化属于抽

---

[1] 《近代中国商业发展》,第166页。

去肋骨瘦身。这样一整容，中国明清时代美是美了，但能过得了海关吗？

令我更疑惑不解的是《大分流》中许多重要、但又毫无根据的说法，举两个例子。例一，作者说"值得注意的是举例来说，17世纪，特别是1644年满人掌权之后，中国人对物理学和数学的兴趣明显增加"（第52页）。如果是指皇帝，那么康、雍、乾并不是对物理和数学有什么兴趣，而是对西方的新鲜玩意儿好奇而已。马戛尔尼使华团曾赠给乾隆皇帝许多当时最先进的科学仪器和武器等，但这些东西很多一直放在圆明园无人问津。当英法联军火烧圆明园时，见到这些东西上落满了灰尘。以皇帝之身如果真对物理、数学等自然科学感兴趣，是可以推而广之的。但他们没有这样做，好奇之后就依然孔孟之道了。如果是指文人，那就更不对了，除了徐光启等极少数人对这些知识有兴趣，广大文人哪知什么格物、光电？以四书五经为中心的科举制度不变，文人不会对这些知识感兴趣，毕竟读书的目的是为了当官。知识不过是敲门砖。物理、数学敲不开仕途之门，学之何用？例二，"中国的进口恰好与其出口同样多（由这一时期的外贸制度限定）"（第193页）。作者并没有列出数据，其实获得这些数字并不难，查找海关档案就可以。但仅凭常识也可以知道当时中国是出口大于进口的,因为国外对中国的茶叶、瓷器、丝绸等需求极大,而自给自足的中国对欧洲的纺织品、工艺制品、奢侈品等需求甚小。正是中英之间的贸易不平衡才有大量白银流入,英国人走私鸦片,进而引发鸦片战争。当时的贸易制度的主体是朝贡贸易。仅就朝贡而言,是外国人进贡的价值远小于皇帝赠送的价值。朝贡贸易之下也是出口大于进口,何来贸易平衡?一个严肃的历史学家如此说话,真让我莫名其妙,甚至怀疑译文有误。不过读过全书我感到译文的"达、雅"差一点,但"信"还是"信"的,近于鲁迅所主张的"硬译"。

行文至此,我特别要说明这篇文章仅仅是对《大分流》的一个书评,绝不是针对加州学派的整个思想体系和理论的。我对加州学派没有研究,也没有读过加州学派的所有主要著作,当然就没资格对加州学派说三道四。何况我也不是专业史学研究者,仅仅是读《大分流》有感而已。

(彭慕兰:《大分流:欧洲、中国及现代世界经济的发展》,江苏人民出版社,2010年)

"认识哈耶克之前,就讨厌凯恩斯"
——怀念撒切尔夫人

撒切尔夫人去世了,有人恨,有人爱,有人怀念,有人诅咒。我感谢她,是感谢她在上世纪80年代世界经济自由主义复兴中所作的贡献。上世纪80年代,经济自由主义复兴,思想界是哈耶克、弗里德曼高举大旗,实践中是撒切尔、里根引领潮流。

撒切尔夫人出生于1925年。她成长时正值凯恩斯主义盛行,但她从自己的生活中感受到凯恩斯主义带来的负面影响。她在出任英国首相后的一次公开采访中表示:"也许我早在认识哈耶克之前,就开始讨厌凯恩斯。"在牛津大学化学系读书时,哈耶克的《通往奴役之路》已成为她的"口袋书"。据说,在她任首相时,这本书一直在她的提袋里。她曾把哈耶克的《自由秩序原理》扔在同事面前说:"这才是我们应该信仰的。"她在首相任职期间大刀阔斧地领导英国经济自由化。她与当时的美国总统里根紧密联合,遥相呼应,引领了世界经济自由化潮流,影响了以后的世界,也成为如今争论的中心。

评论上世纪80年代世界经济自由化是一个大题目,这里我们所关注的是撒切尔夫人在什么情况下以何种方式推动了英国经济自由化,这种政策对当时和今天英国经济有什么影响。

进入20世纪后,英国经济就走走停停,萎靡不振,被学术界称为"英国病"。英国的工业生产在资本主义世界所占的比例从1820年的50%下降到1900年的18%、1937年的12.5%、1962年的8.8%。英镑在二战后丧失了作为世界货币的地位,且一路贬值。国际收支恶化,生产率下降,竞争力削弱,增长率低于世界平均水平。从二战结束到上世纪70年代末,英国基本是工党执政。工党信仰欧洲的民主社会主义,从国有化开始,挽救英国经济。仅从1951年到1954年,工党艾德礼政府先后通过了八个国有化法令，把英国的银行、煤矿、航空、钢铁等重要的行业国有化。同时，又以1942年的《贝弗里奇报告》为基础，实行福利国家。以后的工党政治延续了这些政策，即使保守党偶尔上台也没有从根本上改变这种政策。然而这些政策并没有改善英国的经济状况，"英国病"反而加重了。1970年代末，世界石油危机爆发，英国经济更加恶化，经济增长长期缓慢、停滞，通胀和财政赤字严重，社会矛盾激化。

正是在这种形势下，撒切尔夫人于1979年上台。她决心用经济自由化来挽救英国，主要政策包括控制货币、稳定物价、私有化、改革福利政策及限制工会力量。

在稳定物价方面，撒切尔夫人完全实践了弗里德曼的主张。弗里德曼认为，物价稳定是市场经济正常运行的前提，通胀的根本原因在于货币发行过多，因此稳定物价就必须控制货币。撒切尔夫人上台的1979年第二季度，英国通胀率高达10.8%，1980年中又上升到22%。撒切尔夫人的经济自由化就从治理通胀开始。她紧缩货币，并减少国债。1983年通胀率降至4.5%，GDP增长率达到3.7%。这就为其他经济自由化政策的实施创造了条件。

私有制是市场经济的基础，撒切尔夫人深知，英国经济的症结还在于战后的国有化,国有化使英国经济走向计划经济。英国的国营企业由政府任免董事会成员和其他重要的高管,决定企业发展战略,并将企业收入纳入财政预算,与计划经济下的国营企业没有什么本质差异。因此,英国的国营企业也有着与计划经济下国营企业同样的弊病。企业高管成为政府公务员,企业盈亏与个人利益没有直接关系,内部管理行政化,效率低下,创新能力不足、缺乏市场竞争力,从而亏损严重。仅国营英国钢铁公司1978—1979财政年度就亏损高达3亿英镑,该公司人均产量1979年仅为141吨(而相比之下,法国为180吨,德国为237吨),其资本收益率几乎为零。就整个国营企业而言,1978—1981年,其投资占总投资的16.8%,而产量只占10.9%。国营企业成为政府越来越大的包袱。1973—1980年,政府以贷款、赠与、注销债务等形式对国营企业累计投资高达205亿英镑,但收益甚低,加剧了英国的政府赤字与通胀。撒切尔夫人在国会辩论时直言:"工党支持的产业是一些只吃不吐的蛀虫。"当时,国营企业主导着英国经济,其效率低下就是英国经济衰落的主要原因。

撒切尔坚决主张对国营企业私有化,主要方式是小企业卖给私人,大企业通过股份化,出售政府控制的股份实行私有化。在她执政的 11 年中，从石油、电信、天然气、钢铁、自来水等国营企业垄断的企业到公园维护、垃圾清扫、校园伙食等原来由政府负担的福利项目，都可以由私人拥有和经营。尽管这些措施受到工会、议会的阻挠，364 位经济学家还发表公开信反对，但她仍然坚持。私有化增加了政府的财政收入，从 1979 年到 1990 年，政府私有化收入达 280 亿英镑，更重要的是私有化改变了企业管理机制，效率提高、成本下降，企业有了活力。英国经济增长率保持在 5% 左右。当然，撒切尔夫人的私有化也不是"一刀切"，而是根据英国的现实，仍然保留了工党时代的国营企业局和国家经济发展委员会，私有化的国营企业仅占国营企业的 40%，国营企业在 GDP 中的比例仍有 6.5%，而且国家还对亏损严重的煤炭和钢铁业进行了补贴。

撒切尔夫人在国营企业私有化的同时也强化了始于上世纪 60 年代的产业结构调整。以制造业的中心曼彻斯特市为例，该市从传统制造业转向电子信息、计算机、生物工程、光电子等新兴产业，其传统制造业在 GDP 中的比重从 60% 下降至 17%。同时，撒切尔夫人又放松了政府在金融、企业等各方面的管制，使企业有了活力，经济有了活力。英国经济走出困境，由欧洲病人变为欧洲强人，重振了英国的雄风。

撒切尔夫人经济自由化的另一项政策是改革福利国家制度。二战后,英国加大了社会福利支出,到1948年,艾德礼政府宣布,英国已建成"福利国家",实现了"从摇篮到坟墓"的社会福利制度。英国的社会福利支出居高不下,1949—1950年达103亿英镑,占GDP的4.7%;1979—1980年达449亿英镑,占GDP的9%。政府财政难以为继,靠借债度日,1982年英国国债高达1000亿英镑,仅国债的年利息就高达60亿英镑。英国被讥讽为"靠借债度日的安乐国"。福利国家制度还养出了一批"懒人",降低了社会效率和活力。

但无论哪一党执政,都不敢对国家福利制度动大手术。撒切尔夫人以铁腕改革了这一制度,她强调个人责任与义务,并将普遍性原则改变为选择性原则,即福利支出并不适用于所有人,而仅仅是把福利给予最需要的人,并提高市场机制在福利制度中的资源配置效率。这一举措使福利制度不仅可以帮助穷人,还有助于提高他们的工作积极性。她把市场竞争机制引入医疗服务领域,改变过去完全免费的医疗服务制度,让患者承担一定比例的费用,同时让国家卫生部从医疗保健的管理者变为医疗服务的购买者,增强医疗机构的自主权。在住房方面实行公房私有化政策,大量出售政府公房，通过优惠条件鼓励私人购房。对于租住公房者，即使最贫困的家庭也必须负担20%的房租。当然，撒切尔夫人也考虑到英国的现实，基本保留了英国福利国家的两大支柱——全民医保和全民社保，仅做了一些不伤筋骨的修改。同时，她在任期内还为政府公职人员加薪，支持庞大的失业救济金发放，甚至还用增税和石油收入来建立保障贫民的社会救济网。

英国的工会力量相当强大，曾任英国首相的麦克米伦就感叹："我们不能碰的机构有三个：皇家近卫旅、罗马天主教和全国矿工联合会。"工会作为企业的制衡力量是有必要的，但如果工会力量过于强大则不利于整个经济，也不利于工人的长期利益。当工会影响了英国经济时，撒切尔夫人决心打破麦克米伦所说的忌讳，碰一下工会。1981年，煤矿工人罢工时，撒切尔夫人上台仅两年，根基没有稳定，故而让步，答应了工会的条件。但她做了准备与工会对峙。以后三年，她下令储存大量煤炭，将部分燃煤发电厂变为燃油发电厂；招募公路运输车队，以备必要时代替铁路运输；修改工会法，甚至派军情五处的人渗入全国矿业工会。1984年煤矿工人又一次罢工，但由于撒切尔夫人有所准备，工会无法复制以往的停电和能源管制经验。工会罢工历时362天，撒切尔夫人决不让步，最后工会失败。撒切尔夫人不满足于这次成功，又进一步制订相关法律来制约工会，如规定工会内部的秘密投票制度，以使工会不被少数不良分子控制；又如禁止工会惩罚不参加罢工的工人，以分化工人。这不仅限制了工会力量的滥用，而且也使工会能更好地发挥自己应有的作用。

如今撒切尔夫人执政的时代已经过去20多年了，但盖棺仍难定论。这里既有基本立场问题，又有利益问题。那些支持计划经济和国家干预、以公众代言人自居的左翼人士永远不会肯定她。那些由于经济自由化政策而利益受损的人，如传统行业的工会领导人、低收入人群也不会原谅她，正如阿根廷人会由于马岛战争世代诅咒她一样。

不过，我们评价一个历史人物，不能仅从个人得失出发，而应该看他（她）对社会历史的贡献。由此出发，我认为撒切尔夫人的功劳远大于过失，她是推动历史进步的英雄。从世界历史的角度看，哈耶克、弗里德曼对经济自由化的贡献还是理论层面上的，把理论变为实践也许更重要。上世纪80年代，撒切尔夫人和里根在自己国家里把经济自由主义从理论变为实践，而且取得了成功。这就引领了全世界经济自由化、苏东的市场化以及中国的经济改革。这些都是经济自由化的结果，经济自由化就是世界历史进步的基础。

在英国国内，撒切尔夫人的贡献也为主流社会承认；她作为英国历史上第一位女首相，任职11年，成为19世纪初利物浦伯爵以来任职时间最长的首相，就是明证。在民主体制下，没有功绩是不能连选连任的。今天英国经济仍有各种问题，但很难全归咎于撒切尔夫人的经济自由化，而她在当时的确实现了英国经济的由弱变强。对英国的福利国家制度，她并没有伤筋动骨，但的确使这种制度有了改善。

我们正在进行市场化改革，应该说，当年撒切尔夫人的经济自由化改革对我们也有不少启示，总结她成功的经验与失败的教训，无疑有助于我们的改革。撒切尔夫人对我们更大的意义是在这里。这也是我们今天怀念她、总结她所作所为的意义。

（尼古拉斯·韦普肖特：《里根与撒切尔夫人：政治姻缘》，上海社会科学院出版社，2015年）

启蒙未竟人已去

——纪念于光远先生

任何一次社会变革，都会以一场思想解放式的启蒙为先导。在不太严格的定义上说，启蒙就是打破传统的旧思想框架，给人以新观念、新思想。从1978年开始的改革开放以"实践是检验真理的唯一标准"为启蒙，没有这次思想解放，就没有以后30年的伟大成就。

领导启蒙并成为中流砥柱的，也是旧传统培养出来的有文化的官员与学者，他们都是精通马克思主义的学者。旧体制中，这种学者可分为三类。第一类是"真道学"，虔诚地信奉马克思主义,不允许有一丝一毫的改变,实际上未必真正掌握了马克思主义精髓。反对把实践作为检验真理唯一标准的正是他们。第二类是"假道学",他们从未掌握马克思主义,甚至很少读马克思的书,他们是打着马克思主义旗号实现自己的私利,"四人帮"中的所谓理论权威张春桥、姚文元及康生,就是这种假马克思主义的骗子。第三类是"活道学",他们从整体上把握了马克思主义本质,不拘于马克思的片言只语,随着时代进步不断发展马克思主义。作为1978年后思想解放的核心,领导并参与启蒙的正是这些人。

这批人中有薛暮桥、马洪、李洪林、李锐、王元化、吴敬琏、李泽厚等。于光远先生也是这批人中的佼佼者。

于先生毕业于清华物理系,是周培源先生的入室弟子。本来的宏愿是科学救国,但日本入侵打破了他的美梦。1935年,他参加了"一二·九"运动,1937年加入中共。20世纪40年代初,在延安讲授社会科学课程,从此走上研究社会科学之路。在担任中共中央西北调查局研究员期间,开始研究土地问题和陕甘宁边区的减租、农村互助合作问题,并与柴树藩、彭平合作出版了《绥德、米脂土地问题初步研究》。在延安,他一方面努力学习经典著作,同时又深入调查研究,这构成他一生从现实出发解决实际问题的研究特色,也决定了他以后不受一种固定框架制约的思维方式。正是这些特点使他在1978年后成为新时代的启蒙者。

新中国成立后,于先生在中宣部任职。我第一次知道他的大名是在1962年,当年我考入北大经济系,第一学期第一门主课是"政治经济学"(资本主义部分),发的全国统一教材就是他和苏星先生主编的《政治经济学(资本主义部分)》。中学时我们并没学过政治经济学,但这本教材使我顺利进入经济学殿堂。这本书通俗易懂,把政治经济学的名词概念和基本理论介绍得一清二楚。当年我的理想是学历史,对政治经济学这门抽象的科学心怀恐惧。学完这门课之后,我爱上了经济学,于先生这本书是我从爱历史向爱经济学转型的关键。

后来我才知道,把政治经济学分为资本主义部分和社会主义部分其实是于先生的首创。按传统苏联人的说法,分为资本主义政治经济学和社会主义政治经济学,但于先生认为,这两种政治经济学其实都是马克思对资本主义和社会主义社会经济运行规律的分析,讲资本主义经济学不妥。所以,从上世纪50年代起他就建议用"资本主义和社会主义部分"来代替苏联人的说法。这不仅仅是说法不同,而且反映了于先生的独立思考精神。当年以苏为师,"真道学"们连苏联人的一句话都不敢动，也没有这类"离经叛道"的想法，但于先生不受苏联说法的约束，提出更为准确的说法。启蒙者总是这样一些不人云亦云、有个人见解的人。

编写教科书更多还是他被指定承担的一项工作。他的主要精力放在了对政治经济学社会主义部分的探索上。早在1955年，中宣部就确定由孙冶方、薛暮桥、于光远各组一套班子，各写一本政治经济学社会主义部分的教科书。三个人有各自的思路，但最后都没有成功。孙冶方先生试图按《资本论》的逻辑与框架写，不过贯穿全书的主线由剩余价值变为"以最小的社会劳动消耗，有计划地生产最多的、满足社会需要的产品"（简称"最小—最大理论"）。全书曾历多次写作修改，即使在"文革"中坐牢的7年，孙先生仍打了85遍腹稿，但可惜一直未写成。薛暮桥先生直到1976年写了6稿，但终究没有写成，于是他改弦更张，于1979年写出了《中国社会主义经济问题研究》。当年出版后，洛阳纸贵，共发行了1000多万册，至今还是中国经济学方面销量最多的书。以后，薛先生成了中国由计划经济转向市场经济的关键人物。

与孙冶方局限于《资本论》的架构、范畴不同，于先生认为，学科发展与时代特点、时代任务、时代精神紧密相关。《资本论》是批判资本主义制度的，要说明社会主义产生的必然性。政治经济学社会主义部分是要以马克思主义为指导论述与社会主义经济建设相关的问题，如制度与个人积极性和创造性的发挥、制度与合作和竞争、制度与计划性等。与《资本论》要解决的问题不同，所研究的框架、逻辑与范畴就不同，这就决定了其写法必然不同于《资本论》，但于先生的"政治经济学社会主义部分"教科书经过30年的讨论、写作、修改，最后也未完成。于先生把他在组织编写这本书中的许多思考写成七卷本的《政治经济学社会主义部分探索》，由人民出版社在1980—2001年间陆续出版。

在这本书的编写过程中，参加这一工作的吴敬琏先生感到：一方面，于光远骨子里倾向自由主义，他在编写组里培育自由讨论的气氛，几乎任何问题都能讨论；另一方面，他又是中宣部在社会科学方面的总管，需要贯彻党的政治意图。[1]这说明作为一名有良知的经济学家，于先生是推崇独立思考、自由探索的老清华传统的。这是1978年后，他成为新时代启蒙者的思想基础，也是他一生的学术追求。

---

[1] 柳红：《当代中国经济学家学术评传：吴敬琏》，陕西师范大学出版社，2002年，第86页。

粉碎"四人帮"之后，于先生发起对"四人帮"在上海组织编写的《社会主义政治经济学》的批判，并组织了关于社会主义生产目的和按劳分配的全国讨论会，同时以更加解放的思想研究社会主义经济问题，写了许多论文和著作。其中最重要的是1988年出版的《中国社会主义初级阶段的经济》，曾被评为"影响中国经济的10本经济学著作"之一。

于先生不仅仅是作为学者参与了经济学的启蒙，更重要的是作为改革参与者，亲自参加了政策制定。1978年12月13日的中共中央工作会议闭幕时，小平同志作了划时代的著名讲话《解放思想，实事求是，团结一致向前看》（后被视为十一届三中全会的主题报告），于先生正是报告执笔人。从1981年起，他利用参与讨论中央文件的机会，多次主张将社会主义初级阶段概念和基本特征的论述写入文件，他早就主张社会主义应是商品经济。这些思想以后都成为改革的中心，并多次体现在中央文件中。当然起决定性作用的并不一定是他，但他的见解无疑有重要意义。于先生不仅是改革的启蒙者，而且也是推动者，这是他在启蒙中作为一名学者型官员与纯学者的不同之处。

这篇文章不可能全面论述于先生的经济学思想，我只想就自己印象最深的观点作一点介绍。

1978年后，在研究生学习期间对我影响最大的，是于先生组织的关于按劳分配和社会主义生产目的两场全国性大讨论。后一次讨论还被"真道学"们指责为"资产阶级自由化"在经济学中的反映。

"文革"中批判按劳分配，并取消各种贯彻按劳分配的分配形式。粉碎"四人帮"后，于先生组织经济学界批判"四人帮"宣传的"按劳分配是资产阶级法权"，会"产生新生的资产阶级"等谬论，是一次有意义的启蒙。于先生认为，社会主义仍需要对劳动者的激励，不仅要考虑劳动的支出，还要考虑在相同劳动条件下劳动的有效性，即劳动成果。

社会主义的生产目的是什么？其实这是马克思早就解决了的问题。马克思在《政治经济学批判》导言中分析了生产与消费的关系，指出生产的目的是消费，即提高广大人民的物质与文化生活水平。但"四人帮"宣扬"富则变修"的谬论，以反对"唯生产力论"，反对提高人民的生活水平。一些"真道学"也只谈生产，不谈消费，似乎生产本身就是目的。早在"文革"前，于先生就强调个人需求的满足是经济效果的基础，把消费作为生产的目的。"文革"后他又重申并进一步论述了这个观点，批驳了"四人帮"的一系列谬论。"真道学"们把消费等同于资产阶级生活方式，把于先生的这些讨论指责为"资产阶级自由化"。但于先生并没有屈服，在以后他还主张建立休闲经济学，并写了许多关于吃、喝、玩的文章与著作，我的藏书中就有于先生2001年出版的《吃、喝、玩——生活与经济》。

上世纪80年代初，于先生说过"既要向钱看，又要向前看""只有向钱看，才能向前看"。这句话当年争议就相当大，如今还有人认为这是今天物欲横流、道德败坏的源头。其实，于先生这句话是对当年不重视经济效益、以赚钱为耻的拨乱反正。小平同志说的"让一部分人先富起来"，也就是让一部分人先有钱，带动大家都有钱。这有什么错？钱本身无所谓好坏，它是社会财富的代表，向钱看，追求财富的增加，才有社会的进步，才能让人们过好日子，这正是革命的目的。向钱看有什么不对？至于今天的各种社会风气败坏，与于先生的话毫无关系，于先生一言毕竟不能兴邦或丧邦。

在对经济学的研究中，我觉得最有意义的，是于先生对所有制的研究。于先生一直认为，经济改革的中心是所有制改革（即以后说的产权改革）。在所有制的研究中，他认为衡量所有制优劣的标准不是越大越公越好，而是生产力标准，即能否适应并促进生产力的发展。他通过对德文原版马克思著作的研究指出，马克思说的社会主义所有制并不是公有制，而是社会所有制，把德文原意的"社会所有制"译为"公有制"是苏联人的曲解。同时他指出国家所有制并不是全民所有，尤其是提出了"所有制实现论"，即所有制要在生产组织、交换、分配等经济过程的各个环节中实现，才是有意义的，否则只能是理论上的抽象。他的这种思想打破了公有制至高无上的传统观念，为我国实现多种所有制并存，并承认私有制的存在提供了理论基础。

于先生对经济学的另一项贡献是把外国经济学介绍到中国。改革前，我国对西方经济学是彻底批判，当年我考研究生时，专业的名称就叫"当代资产阶级经济学批判"。那时从事西方经济学研究的也仅数十人，且年龄都在60岁以上。1979年，于先生是国务院财经委员会经济理论和方法组的负责人，他了解国外经济学的重要性，倡导并支持"国外经济学讲座"，组织43位专家讲了60讲。这是新中国成立后首次全面系统地介绍国外经济学，包括西方经济学与苏东改革经济学。这些讲座指引很多人进入了现代经济学殿堂，其中不少人成为著名经济学家。没有于先生这样的权威人物支持，这些讲座很难坚持下来。此外，当时于先生作为社科院副院长率团访问过南斯拉夫、匈牙利等东欧国家，回来后介绍他们的改革理论与实践，对改革初期向东欧学习也起了一定作用。

于先生对开拓经济学的新领域也有不可忽视的贡献。他认为，经济学作为致用之学，研究领域应该是十分广泛的，建设现代化国家极为需要有着多维度内容的经济学体系的支持。他倡导建立国土经济学、技术经济学、消费经济学、教育经济学、环境（或生态）经济学、旅游经济学，等等。这些学科有些是国外已有的，但国内仍无，有些则是他独创的。他还重视数学方法在经济学中的运用，"文革"前就计划与华罗庚先生合作指导这方面的研究生，可惜"文革"使他的愿望没有实现。

纵观于先生的研究，他是一个百科全书式的学者，甚至对特异功能都有自己的见解，斥其为"伪科学"，不遗余力地反对。伯林曾把学者分为"狐狸型"与"刺猬型"。前者知识面极广，但对某一学科并没有深入研究；后一类则并不一定通晓百科，但对某一学科有相当精深的研究。哈耶克把前一类学者称为"头脑清楚型"，后一类称为"头脑迷糊型"。按这种分法，于先生显然属于"狐狸型"或"头脑清楚型"的学者。这种学者知识面广，可称为通才。他们思维敏捷，经常冒出各种新想法，在启蒙中，这种学者的作用更为重要。当然随着启蒙的深入，更为需要"刺猬型"。社会同时需要这两类学者，但很难要求一个学者既"狐狸"又"刺猬"，通且精。

于先生早在上世纪90年代就患有癌症，2005年又两度脑血栓，但仍然活了98岁。据我所知，国内比他更长寿的经济学家也就是马寅初和薛暮桥先生，这与他乐观开放的心态是相关的。"文革"中他被戴高帽游街批斗，有人说在电视上看到批斗他的样子，他笑着说，真想看看自己的光辉形象。84岁他开始学电脑，86岁建自己的网站。想到这一点，真让我惭愧，仅仅年过七十，就不敢问津电脑，连短信都不会发。他也不回避自己的错误，经常讲起1958年曾写文章鼓吹小麦高产的"走麦城"："这些丢脸的事，我讲了一辈子，时常讲，讲给别人听，更是讲给自己听，时常警示自己。"我想，这就是"君子坦荡荡"吧！我认识他的两个女儿。一个叫于小东，我在北大时她曾听过我的课，我还领他们班到福建三明做过社会调查。另一个叫于小庆，也是北大学生，我在康奈尔大学进修时，她正攻读博士学位，对我恭敬有加，帮助颇多。两个女儿没有一点高干子弟的坏习气，好学而有教养。从她们身上，我看到了于先生高尚的人格。

中国思想界最活跃的时期是1980年代，人们称之为"启蒙"时代。如果说鸦片战争后"睁开眼睛看世界"是第一次启蒙,"五四"与新文化运动是第二次启蒙,那么上世纪80年代后就是第三次启蒙。前两次都没有完成启蒙的任务,第三次启蒙在90年代后也基本结束了。未来中国还需要启蒙,只有不断思想解放才能真正推动改革,实现每个人心中的"中国梦"。80年代启蒙时的学者也都一个个离世了。于先生是离世较晚的,剩下的年岁已高,也难以发挥更重要的作用了。启蒙未竟人已去是一件悲伤的事,但我相信,以后还会出现新一代的启蒙者来完成启蒙大业。

(于光远:《政治经济学社会主义部分探索》[共七卷],人民出版社,1980—2001年)

一代宗师的丰碑

——悼念萨缪尔森

人过九十而逝,中国人称为"喜丧"。但当萨缪尔森以94岁的高龄离世时,全世界经济学界仍处在无限悲哀中。

对于近几代经济学人而言,萨缪尔森是他们的宗师。是萨缪尔森的《经济学》教科书,把他们领进了经济学殿堂。中国77级以后的经济学学子也是从这本书中领略到了现代经济学的风采,投入到了伟大的改革开放之中。所以,说到萨缪尔森的贡献,就必须从这本教科书开始。

萨缪尔森当学生时,美国的大学用的是新古典经济学家所编的教科书，如马歇尔的《经济学原理》，课堂上讲的也是新古典经济学的自由放任那一套。当时，由于20世纪30年代的大萧条，美国政府实施"罗斯福新政"，凯恩斯的《就业、利息与货币通论》（简称为《通论》）也传入美国。哈佛大学的汉森教授是美国最早接受凯恩斯主义的经济学家。他在课下带领萨缪尔森这些学生读凯恩斯的《通论》，讨论凯恩斯的理论。萨缪尔森进入了一个全新的经济学领域，他为经济学的创新而兴奋，并很快接受了这一套新学说。毕业之后，他到麻省理工学院任教。

萨缪尔森清醒地认识到，战后的经济已经不是原来的私人资本主义，而成了私人与政府共同发挥作用的"混合经济"。适应经济的这种变化，经济学理论也必须变化。私人资本主义仍然是经济的主体，因此，新古典经济学并没有过时。但在"混合经济"中，政府的作用越来越重要，因此必须引入凯恩斯主义。基于这种认识，他把新古典经济学与凯恩斯主义结合起来，在1948年推出了《经济学》第一版。这本书很快改变了美国的经济学教育，且影响遍及世界各地。到现在为止，这本书已出版19版，被译为20多种文字，总发行量超过400万册，成为迄今为止发行量最大、影响最大的经济学教科书。这本书把微观经济学和宏观经济学综合为一体的体系沿用至今。这本教科书奠定了萨缪尔森在当代经济学中"一代宗师"的地位。

当然，这本教科书的意义绝不仅仅在于教学，更在于他创立了一个新的经济学流派——继承凯恩斯主义而又有重大突破的新古典综合派。这个学派把新古典经济学的市场配置资源的理论与凯恩斯主义"国家用财政与货币政策干预经济"的理论结合在一起，成为一个新的理论体系。在经济学理论上，这个学派的萨缪尔森、克莱因、莫迪利安尼、托宾、索洛等对战后经济学的发展起到了至关重要的作用，成为经济学里程中的一块丰碑。在经济政策上，它主导了美国战后到20世纪70年代末的经济政策，为战后的经济繁荣作出了贡献。萨缪尔森作为这个学派的创立者和灵魂，被称为"战后经济学第一人"并不为过。

作为一代宗师，萨缪尔森的贡献绝不仅仅是一本教科书和构建新古典综合派的框架，他对经济学理论与方法都有独特而影响深远的贡献。这主要体现在他于1947年出版的《经济分析基础》上，这本书是在他的博士论文的基础上修改而成的。该书以边际分析法为核心，用数学工具对新古典经济学进行了全面总结，它赋予新古典经济学更新的内容，丰富和发展（甚至可以说最终完成）了新古典经济学的体系。这本著作在理论上全面发展了新古典经济学的消费者行为理论、生产和成本理论以及福利经济学理论。在方法上把经济学要解决的问题归纳为求极大值或极小值的问题，从而运用数学工具来分析经济问题，这些贡献对当代经济学都有极深远的影响。

《经济分析基础》是萨缪尔森的起点，在此基础上，他对经济学许多领域都有开创性的贡献。他的这些贡献主要反映在他的论文集《萨缪尔森科学论文集》一书中。这些贡献主要包括：

第一，提出了"显示性偏好"（Revealed Preference）理论。他认为基数效用论和序数效用论都有缺陷，不足以解释消费者行为。他提出当A物品与B物品价格相等或A物品价格高于B物品时，消费者则仍然选择A物品。这就是他对A物品的显示性偏好。从这种偏好出发来研究消费者行为就有了更为扎实的基础。这个显示性偏好的概念已被现代经济学接受。

第二，建立了乘数—加速模型。加速原理是指产量增加对投资的影响，乘数原理是指投资增加对产量的影响。萨缪尔森把这两个原理结合起来，建立了一个解释市场经济中经济周期原因的模型。这个模型说明了，在完全市场调节的情况下，由于加速原理和乘数原理的相互作用，经济如何自发地出现繁荣与衰落的交替，证明了市场经济中经济周期的必然性。这个模型至今仍被作为对经济周期的经典性解释之一。

第三，证明了赫克歇尔—俄林定理（Heckscher-Ohlin Theorem）成立的条件。这个定理是比较成本理论的重大发展，其创立者之一俄林曾获1977年诺贝尔经济学奖。萨缪尔森证明了这个定理发生作用要基于四个条件：贸易双方有相同的生产函数；在有效的生产要素的价格比例之下，生产不同产品的生产要素的密集度的关系不变；生产规模改变时，收益不变，生产规模不变时，收益递减；在有效的商品价格比例之下，贸易国的消费结构不变。在具备上述条件的完全竞争市场上，赫克歇尔—俄林定理是正确的。这是战后国际贸易理论的重要发展之一。

第四，对资本理论的发展。萨缪尔森针对剑桥学派对新古典经济学的挑战，提出了替代生产函数（Surrogate Production Function）和反帕西内蒂定理（Anti-Pasinetti Theorem）。这对战后资本与增长理论都有重大影响。

第五，替代定理。这里的替代指生产中生产要素的替代，这个定理说明了涉及增长理论的重要问题。一是各部门的产品价格仅仅由供给条件决定，与需求情况无关。二是如果原始投入包括流动和耐用资本品两种，那么，在任何一种利率之下，各部门产品的长期价格由供给条件决定，与需求无关。这是对新古典生产理论的重要发展。

第六，公共物品与效率的关系。萨缪尔森用处理外部性的方法来处理公共物品引起的资源质量问题，证明了公共物品的条件与消费者的公共物品与私人物品的边际替代率等于这两种物品的生产边际转换率。这对福利经济学和政府公共物品供给决策都有意义。

第七，建立了国际贸易中的"斯托尔珀—萨缪尔森定理"（Stolper-Samuelson Theorem）。这个定理指关税保护对实际工资的影响，即一种商品相对国内的价格提高（无论是由于关税提高还是其他原因），必然会提高该商品生产中相对密集地使用的生产要素的实际价格。

此外，萨缪尔森对动态理论和稳定性分析、一般均衡理论、福利经济学、消费理论及相关的指数理论等都作出了重大贡献。萨缪尔森被称为经济学界的最后一位"通才"。当他在1970年获得诺贝尔经济学奖时，诺奖评委会对他的评价是："提高了经济科学的整体分析和方法论的水平。"在这一点上，他的贡献"超过任何其他的当代经济学家"。

萨缪尔森绝不是一位"象牙塔"中的学者。尽管他为了保持学者的独立人格，谢绝了肯尼迪总统请他出任总统经济顾问委员会主任的职务，但他关注经济政策，并对此作出了贡献。

新古典综合派就是美国的凯恩斯主义者，他们在经济政策上主张政府干预经济，而且比凯恩斯主义更进了一步。凯恩斯本人实际上是把国家干预作为经济危机时的一种应急措施，而以萨缪尔森为代表的新古典综合派则把国家干预作为基本的调节经济手段，在萧条时期采用扩张性政策刺激经济，在繁荣时期采用紧缩性政策抑制经济，以求得经济平稳发展。实际操作中，他们更重视用扩张性政策刺激经济。此外，凯恩斯本人重视财政政策，被称为"财政主义者"，而新古典综合派主张财政政策与货币政策并重，以对经济的刺激更为有力。1960年代，肯尼迪政府全面采用了由新古典综合派的托宾和海勒制定的刺激经济政策，并实现了经济繁荣。但1970年代出现的"滞胀"使这一政策受到广泛的质疑，并引发了新古典综合派的全面危机，到现在"国家是否应该干预经济"仍然是一个众说纷纭、争论不止的话题。

无论如何评论萨缪尔森国家干预经济的政策主张，他对经济学的贡献都是不容置疑的，他在经济学中的许多贡献无疑是经济学发展里程中的丰碑,对于这一点现在可以盖棺定论了。

(萨缪尔森:《经济分析基础》,北京经济学院出版社,1990年)

钱理群与北大传统

　　1990年代初,我们的改革目标转向社会主义市场经济。北大推倒南墙迎合市场经济大潮。大约从北大热闹非凡的百年校庆起,就有不少人在质疑:北大传统还在吗?北大还是思想文化的净土、圣地吗?钱理群先生在《精神梦乡:北大与学者篇》中引用景风的《圣土之上的北大》中批评当前北大精神丧失的一段话[1]正代表了这种声音。这种声音直至今日仍然在民间流传。这就使我们不得不思考一个问题：北大的传统是什么？现在我们是否失去了这种传统？

最近引起我思考这一问题的是因为读了"钱理群作品精选"中的四本书：《心灵的探寻》《周作人论》《世纪心路：现代作家篇》和《精神梦乡：北大与学者篇》，尤其是《精神梦乡》。我与钱先生都是"文革"后北大第一届（1978）研究生，同校而不同系。不过当年都住在同一楼层，有时一起上"公共课"。毕业后都留校任教，且我也颇喜文学，曾去钱先生斗室中侃过大山。以后我离开了北大，但仍爱读钱先生的书。除这四本外，还读过《1948：天玄地黄》《我的精神自传》，以及他在台湾联经出版社出的《毛泽东时代和后毛泽东时代·上册》（没买到下册），和报刊上的一些他的文章。我与钱先生有一面之交，套用民国的话语模式也可以说"我的朋友钱理群"。在我的内心深处，对钱先生一向敬佩有加。他长我四岁，我们有大体相同的经历。在贵州的艰难时世里，他仍然在孜孜不倦地读书，研究鲁迅，考上研究生回归学术

---

[1] 钱理群：《精神梦乡：北大与学者篇》，生活·读书·新知三联书店，2014年，第3—5页。因所引篇幅较长，故略去。

之路时已人到中年了。我敬佩他无论在多么艰苦的条件下，都持之以恒地读书、思考、做学问，且学有所成，终成大师级学者。我更敬佩他不是两耳不闻窗外事的书呆子，而是始终关心国家、民族的命运，关心社会。他的学术研究也不是为学术而学术，而是蕴含了深厚的人文关怀和深沉的爱国之心。读他的书是一种享受，更是一种心灵的呼唤。钱先生是老北大人，深受北大传统的熏陶。他的为人与治学都体现出了北大传统，我正是要从他的书中来寻找北大传统。

北大的前身是1898年成立的京师大学堂，说百年北大正是由此算起。但我始终认为，北大的起点应该是蔡元培先生任校长的1917年，北大的真正百年校庆应该在2017年。京师大学堂其实算不上大学，只是清政府培训官员的"国家行政学院"。自从蔡先生来北大后，北大才成为真正现代意义上的大学，开始形成自己的传统。

大学以做学问、传承文化、创造新思想为己任。这正是蔡先生所说的："大学者，研究高深学问者也。"要做学问，必须有自由的探寻，有思想的交锋。蔡先生提倡的"思想自由、兼容并包"的办学方针正体现了大学精神的实质，这成为北大传统的基石。蔡先生把这种思想变为行动。在他任职期间，既请了有新思想的陈独秀、李大钊、鲁迅、周作人、钱玄同诸君，又请了保守而有学问的辜鸿铭、黄侃、刘师培诸先生。北大既是新思想的发源地，又是传统文化的传承者，真正体现了"百花齐放，百家争鸣"。这正是北大在诸多百年老校中独树一帜的原因。钱先生由此引申出北大的精神是"独立、自由、批判、创造"[1]，这与蔡先生的思想完全一致。

高度概括的传统与精神毕竟是抽象的，还应该体现在行为上。在北大，这种传统首先体现在做学问上。钱先生认为大学的功能"一是思想文化、学术精神传统的传递和坚守；二是新思想、新文化、新学术的创造"[2]。作为一个大学，总要有一批学者以独立、自由的精神做学问，北大的传统就体现在北大学者的学问中。百年间，北大出了一大批影响甚大的学者正说明北大传统绵延不绝。但百年中国并不平静，中国的先行者仍不屈不挠地追求民族独立与国家富强，探寻中国走向现代化之路，前赴后继，流血牺牲。在这种情况下，学者不能平静地在书斋中做学问，他们深切体会到，只有国家独立才有学者人格、思想的独立，只有国家富强才有学术

---

[1]《精神梦乡》，第183页。
[2]《精神梦乡》的"前言"。

的繁荣。因此，北大传统还体现在对民族、国家的关心上。钱先生正是从这两个方向来解释北大传统的，而且我们从钱先生身上也看到了这种传统。

钱先生是学者，他几十年的学术研究体现了北大的学风，即北大的学术传统。

钱先生1962年写下第一篇有关鲁迅的读书笔记，这应该是他进入学术研究的起点。不过很快从1966年到1978年，整个社会处于"文革"的动乱之中，连偏僻的贵州安顺也放不下一张平静的书桌，钱先生的研究也没有成果问世。不过那一段的读书、思考，为以后的学术研究奠定了基础，钱先生称为"入世前的准备"。1978年钱先生考取北大研究生，师从王瑶先生，这才是学术研究的正式开始。钱先生遵从王瑶先生的教诲，不急于出成果，先打下扎实的基础，直至1985年才有研究鲁迅的《心灵的探寻》问世。钱先生从研究鲁迅、周作人入手，然后扩大到整个现代文学，终成一代学术大师。

我认为钱先生的研究体现了北大的传统，首先在于学术研究水平高。如何评价人文学科的学术成果，并没有一个公认的标准。不过我认为学术研究水平高，起码应该是突破了前人的传统观点，有所突破，有新见解，且这种观点论据充分，使人耳目一新。我想就钱先生对二周和现代文学的研究讲一点体会。

也许是受时代影响吧，我也一直爱读鲁迅的作品。"文革"中发配到东北深山老林时，带了一套1963年出的《鲁迅全集》（10卷），每晚无聊时就在昏暗的灯光下一本一本读下去。当时对鲁迅许多深刻的观点、语言颇为赞赏，崇拜之至。到1990年代再读鲁迅的书时，颇感鲁迅此人太极端、偏激，崇拜之心消失了，甚至觉得他不如胡适，他的文章也不如林语堂、梁实秋的，对鲁迅甚至有点反感。从崇拜到反感，这说明我没有读懂鲁迅。研究鲁迅的传记、回忆、评论，我也陆续读过一些。但真正触动我，使我认识鲁迅的还是《心灵的探寻》。我认为，在许多研究鲁迅的作品中，这是一本有独立见解、高水平的著作。

这首先在于钱先生"平视鲁迅"。过去不少人研究鲁迅，把鲁迅放在崇高的地位，仰视鲁迅，这就难免诸多溢美之词。以后又有人把鲁迅放在"怪人"的地位，俯视鲁迅，又难免过于贬低。1980年代初，钱先生研究鲁迅时，就以平等的眼光看鲁迅。尽管这种看法当时引起众多责难，但王瑶先生是赞同的，并为之辩护。以平等的眼光看鲁迅，这就使钱先生摆脱了溢美与贬低的偏见，公正、客观、冷静地探寻鲁迅的精神世界。钱先生把《野草》这本书作为理解鲁迅精神的钥匙,我感到抓住了关键。钱先生认为鲁迅的可贵之处在于对旧社会的怀疑与批判精神,"五四"正体现了这种精神。不过"五四"之后,后来的启蒙者走上了不同的路,只有鲁迅等少数知识分子接受了马克思主义,用马克思主义批判旧世界,用马克思主义寻找新世界。尽管鲁迅并没有读过许多马克思主义的原著,但他对马克思主义的阶级斗争观点,对马克思依靠无产阶级建立共产主义的思想是完全接受并作为自己与旧社会斗争的武器。钱先生站在这样一个高度来解释鲁迅的思想,对我这个读过鲁迅著作但并不懂鲁迅的人就颇有启发。这就是优秀学术著作对一个普通人的影响。从这个角度再读鲁迅先生的著作就有了新的体会、新的收获。钱先生研究鲁迅不是写传记,也不是做考证(当然,也需要有人从事这些工作),而是从思想层次上分析鲁迅的"思维""心境""情感"和"艺术"观。读过这些深入的分析,我的确有"醍醐灌顶"的感觉。高深的学术研究,我这样的普通人都能读懂,且有所获,这就是学术水平高。

钱先生从对鲁迅的研究又进入对周作人的研究,"二周"是他研究的中心。我对周作人了解不多,仅读过《周作人散文》(共四册)、回忆录《苦茶》、陈子善先生编的《知堂集外文》和雷启立先生写的《苦境故事·周作人传》。周先生的文章朴实而清新，正是我喜欢的文章风格。但对他当汉奸，以及在1959—1961年困难时期向境外友人"乞食"（他当时的苦难比一般人小很多）颇为不屑，总觉得如此软骨头，充其量一个无聊文人而已。读了钱先生的《周作人论》才知道自己不求甚解地读了一些周作人的书，其实根本不了解周作人。钱先生不像有些人那样为赞周而为其当汉奸辩解。他并不认为周当汉奸可以原谅，但也不因为周当汉奸而否定他的一切，这就是钱先生研究周作人的基本立场，也是钱先生在周作人研究中深入而有许多精辟见解的原因。周作人原本是"五四"新文化运动中的巨人，对新文化运动作出了重大贡献。即使在以后，他在许多方面的研究，对今天仍然有意义。他是一个失足文人，我们不能因为他的"失足"而否定他的成就，也不能因为他的贡献而否认他"失足"。钱先生的独到分析使我得以真正进入周作人世界。学术成果不是要束之高阁供奉起来的，而是要启示我们这样的凡夫俗子。

钱先生从对二周的研究进入了对现代文学史的研究。他和黄子平先生、陈平原先生提出了"二十世纪文学"的概念，并深入进行研究。钱先生的《世纪心路》就是这种研究的成果。在这本书中，我认为最独特的是对曹禺的研究（《曹禺的生命历程》，载于《世纪心路》）。新中国成立后在极"左"路线的影响下，过去那些追求革命或献身革命的知识分子都被作为"改造"对象。割掉他们思想、精神的自由，改造成当政者需要的人。旧社会来的不同文人改造的过程不同，结果也不相同。老舍、冯友兰是改造甚为自觉，也较为容易、彻底的人。陈寅恪先生是拒绝改造的人。曹禺也自觉改造，且相当彻底（直至1980年代他还痛批《苦恋》，且痛斥"自由化"），但这个过程相当痛苦。钱先生对曹禺先生的这个痛苦、挣扎过程的分析相当真实而客观。如此真实、冷静、客观分析一个作家的痛苦改造的文章并不多见。我觉得钱先生对曹禺的分析有样本的价值，当然并不是"顶峰"，但有启示他人的价值。钱先生的《1948：天地玄黄》是写建国后文学史的开端，这篇分析曹禺先生的文章应该是这种研究的继续。

北大的学术传统不仅表现在学术成果上，而且更体现在学术态度上。应该说学术态度比学术成果更根本，只有那种学术态度，才能产生出高水平的学术成果。所以，钱先生继承了北大的学术传统，更为基本的，还在于他的学术态度。这也是他学术成果数量与质量都颇丰的原因。

钱先生作为老北大人，深受北大先辈学者治学方法与态度的熏陶。他的老师王瑶先生踏实、严谨的治学态度影响了他。解放前北大的王牌系是地质系和中文系，解放后清华许多文理大师转到北大，物理系和中文系成了北大的王牌。能在北大这样的大学称为王牌，就是拥有许多大师级学者，有优良的学术传统。北大中文系的许多大师级学者如吴组缃、林庚、杨晦等对钱先生都有重大影响。在《我的精神自传》和《精神梦乡》中，钱先生都说明了这一点。

北大的学术传统之一是厚积薄发，这其中的含义一是先要打好基础，不要急于出成果。只有学术基础扎实，才有以后的成果。二是知识面要广博。尽管每个人的学术专长都在某一专业，甚至某一专业的某个问题上，但应该有广泛的各专业知识。钱先生在发表《心灵的探寻》之前有20多年的积累，而且从其著作中看，他对马克思主义、历史、社会学、哲学等均有广博的知识，这才有深入独到的分析。大师级学者都是跨学科的。北大的学术传统之二是要有创新。站在巨人的肩膀上，但不拘于巨人之结论。钱先生的著作达一千三四百万字，其中许多都有自己独特的见解，决非平庸之作。北大的学术传统之三是以学术为业，不以学术为工具去追求名利。钱先生极为有名，但并非自己追逐而来，而是学术研究之果。而且钱先生淡泊名利，不以名人自居，也不为利而去写畅销书。

大学与研究机构的区别之一在于大学有传承文化的作用,也就是要教书育人。一个好的研究人员不一定要会讲课,但一个大学的学者必须讲课好,能把自己的知识传授给学生。钱先生的讲课在北大,甚至在全国都是极有名的。听过钱先生课的学生告诉我,钱先生讲课充满激情,自己动情,也感动了学生。钱先生有点秃顶,讲课时头上冒汗,他就用一大手帕擦去。吸引学生的不仅仅是激情,还有钱先生讲课的内容,不时有新观点跳出,且广证博引。学生讲,听钱先生的课是极大的享受。我也曾想去听钱先生的课,但找到教室时已无立锥之地,只好作罢。我想钱先生课讲得好,首先在于他的学术功底,给学生一杯水,自己不止有一桶。其次,在于他的教学态度。他把讲课作为传承文化的方式之一。他曾对我说,学生称你为师,你就要对得起"师"的称号,讲好每一堂课。动情的讲课的确累,但你看到学生认真的神情,累就变成了乐。钱先生是把教学当作自己的生命的。

任何一所有影响的大学都不可能闭门只读圣贤书,而是与社会息息相关,并以自己的文化和知识影响社会。北大的另一个传统就是关心国家、民族的命运,关心社会。

北大出名的一个重要原因还是五四运动。五四运动既是学生的爱国主义运动,也是先进知识分子在思想界的启蒙运动。自此以后北大就与政治结下了不解之缘。无论是20世纪20年代末反抗军阀的"复校"运动、"一二·九"抗日救亡运动，还是新中国成立前的反蒋运动，都是北大师生作为急先锋和主力军。抗战时期也有许多北大学生投奔延安，参加革命队伍。解放了，新中国建立了，这标志着中国历史的一个新纪元。但新中国的建立并不意味着一切都尽善尽美了。北大师生没有沉醉于胜利之中，成为新时代的"歌德派"。他们仍然要作"啄木鸟"，找出新时代的缺点，为完善社会主义制度尽责尽力。这才是真正的爱国。钱先生在《精神梦乡》中介绍的1957年"右派"学生的建言献策，80年代初学生竞选运动中的观点，都是北大师生关心国家、关心民族传统的表现。尽管北大师生有片面之处，有幼稚之处，所提的观点和主张也不尽正确，但这种爱国精神是可贵的。记得80年代一位校领导说：我不怕学生闹事，就怕学生沉醉于自己个人的小天地，不关心国事。历史会公正地评价北大师生所做的事。1957年"右派"学生的观点已得到证明，并在改革中得以实现。如今北大学者对改革的关注、建言献策正是这种爱国情怀的延伸。

钱先生不仅继承了北大的学术传统，也继承了北大的爱国主义传统。他不是一个书斋中的学者，而是一位与国家、民族、社会休戚相关的学者。他非常重视北大的这种传统，他在《精神梦乡》中对1957年"反右"、80年代竞选的研究，体现了这种关怀。钱先生的研究还有许多对诸多社会问题的关注。他在北大百年庆典期间对北大传统的总结，对当前教育中诸多问题的揭示和批评，都渗透着北大传统。他自己不仅言，还付之于行。他在退休之后到贵州等边远地区进行中学语文教学改革活动，到各大学和中学做讲座，与各地大中学生座谈对话，都体现了他对社会的人文关怀。如今他早已年逾七十，但仍从事这些活动，孜孜不倦。这些活动对他不会有什么经济收益，也不会给他增添什么光环，但他只要一息尚存，就不会放弃。他与鲁迅一样坚信未来会比今天好，并为此而奋斗。

北大的传统既有学术的也有爱国的。钱先生正是这种传统的传承者。也许市场经济的冲击会有碍这种传统的传承，但我相信，北大在，这种传统就不会亡。今天有钱先生这样的人，以后还会有其他人。

（钱理群：《精神梦乡：北大与学者篇》，生活·读书·新知三联书店，2014年）

名门家族史：该写谁，如何写？

去年看了两本写家族史的书，一本是余世存的《家世》，另一本是王碧蓉的《百年袁家》。读过这两本书以后，引起了我对家族史的兴趣。不过，不是我要去研究家族史，而是希望别人研究，我坐享其成。

大历史总是由许多人物与事件组成的，只有把一个个人和一件件事弄清楚了，才能尽可能地接近历史的真相，从中得到一些有益的启示。大历史，即宏观历史或者通史，是建立在小历史，即微观历史或者个别人物与事件历史的基础上的。

这并不是说小历史之和就是大历史，而是说只有在充分认识小历史的基础上才能提高一个层次，概括出大历史。二十四史正是对各代人物与事件的研究，为以后学者写成通史提供了基本素材。我学历史时，先看一些中国通史和世界通史，总觉得抽象、空洞，难以理解和记忆。中学时学历史大体就是如此。以后读了各种人物传记和对个别事件的研究，才理解了通史所讲的内容，知道哪些是真，哪些是伪，才真正爱上了历史。没有对微观历史的深入研究，难以有令人信服的宏观历史。正如在经济学中微观经济是宏观经济的基础一样。

在各种微观历史中，我觉得家族史是一个重要的内容。就我的阅读范围而言，感到除了1958年一阵风地出过一阵不忍目睹的家史、厂史、村史之外，对一些在中国历史上有影响的大家族史研究相当不够。国外有家谱学，我们则欠缺这种研究。我想这一来是历次革命和运动中，被作为剥削阶级的大家族的家谱都被烧毁了。家谱是研究家族史的基础，家谱毁了如何研究一个家族的兴衰？此外在传统观念中，这些大家族都是地主、资本家、反动阶级、政府官僚之类要打倒的人物，只准讲其坏，不准讲其好。研究家族也只有陈伯达的《中国四大家族》这类以歪曲历史为政治服务的劣作而已。谁敢对这些大家族歌功颂德？研究家族似乎成了禁区。

如今思想解放了，可以实事求是地研究各个家族了。但是学术的行政化和商品经济大潮促成了短、平、快地出书成名、逐利的学风，谁有心去广泛地收集资料研究家族呢？在从传统经济转向现代经济的过程中，物欲横流，斯文扫地。各国都经历过这一段，如今我们正处于这一时期，对追逐名利的学风还是"理解万岁"为好，顺其自然吧。

不过我说的这种情况是一般规律，个别例外总是有的。有些学者或者出于个人兴趣，或者出于学术良知，仍在不畏艰辛地研究家族史。我的业余兴趣是研究历史上的商帮。组成各个商帮的企业都是家族企业。研究商帮就应以家族史为基础。徽商的基本特征就是以家族企业、家族化经营为特征，推而广之研究徽州文化也是研究家族史。据说日本人对徽州的家族史、家族文化和家族商业颇有研究，可惜我不懂日文，无缘得识。国内的徽州文化与徽商研究者也进行了这方面的研究，可惜我亦知之不多。只看过一些有关的论文集，而没见过研究专著。徽商中的曹家、鲍家、程家、江家都是赫赫有名的大家族，可惜还没见到研究这些家族史的专著。在徽商研究中，我看过一本赵华富先生的《徽州宗族研究》[1]，重

---

[1] 安徽大学出版社，2004年。

点在研究徽州家族的一些基本特征，面对个别家族的研究仅在最后一章"徽州家族个案研究"中有所涉及，而且只概括了歙县的罗家和黟县的胡家。

晋商的研究中，研究家族史最好的一本书是程光、梅生两位先生的《儒商常家》。常家在晋商中有特殊意义，它既是经商成功的典范，又极为重视文化，且有完整的家谱流传下来。常氏的家谱名为《常氏家乘》。作者根据这本家谱和相关的文献，研究了常氏一门的历史演变、经商活动与文化传统，极有意义。程光、盖强先生的《晋商十大家族》[1]也很有特色。晋商研究中还有不少关于家族史的研究，如程素仁、程雪云的《太谷曹氏家族》、武殿琦的《祁县渠家》、郝汝椿的《乔家简史》等。特别值得称赞的是山西省政协主编的《晋商史料全览》[2]，对山西各地的晋商家族有所介绍。尽管不够详尽，但对我们研究晋商仍有重要的意义。对晋商各家族的研究正是我们研究晋商的基础。有关其他商帮家族史的研究也有一些。我读过的最有意义的就是研究洞庭商

---

[1] 山西经济出版社，2008年。
[2] 共十一卷，山西人民出版社，2006年。

帮席家的《江南席家》[1]。该书的写作得到席家人的资助,对认识洞庭商帮的特点及鸦片战争后的转型极有帮助。

读了几本家族史,使我想到两个问题:一是写什么家族的历史,二是如何写家族史。

现在有不少人写的是自己家族或个人的回忆录,今年相当受关注的台湾王鼎钧先生的《回忆录四部曲》、沈博爱先生的《蹉跎坡旧事》等都属于这一类。这些书写的家族都属于普通家族。在这类书中,我印象较深的是国亚先生写的《一个普通中国人的家族史:1850—2004》[2]。他写的名为1850—2004年150年的家族史,实际上全书379页,写祖上的仅38页,占全书十分之一,而且重点还是民国之后,主要还是自传。

这本书通过一个普通家庭1949年前后的变化,反映了我们这个时代的历史,这就是"从一滴水看世界"吧。从这本书中我可以看到历次政治运动和极"左"路线对一个普通中国家庭的影响,也可以看出改革开放之后巨大的变化。从这个普通中国人的经历中我们可以更深刻地理解当代历史。

---

[1] 马学强著,商务印书馆,2007年。
[2] 中国广播电视出版社,2005年。

这类著作不能说没意义,当更多的人写自己的历史时,就为研究当代史提供了丰富的资料。记得20年前读小说《黄祸》时,最深的印象就是作者提出,人死后不要留骨灰遗体之类,而是每个人都留下自己所写的一生的经历,以供后人阅读,从中汲取经验教训。如今这本小说的许多情节都忘却了,只有这段话深深印在我的脑海中。我觉得这个建议极好。每个人都留下一份真实的回忆,当权者要伪造历史就不容易了。当然,如果真的每个人都写了回忆录,恐怕没有什么人能读完;也并非每个人对普通人的回忆录都有兴趣,甚至他的子孙是否去读都值得怀疑。最后这些回忆录也和骨灰一样在这世界上留不下什么的。何况也并非每个人都想写、能写。这本小说是政治惊悚幻想类的,许多幻想有意义,未必能实现。因此,我界定的研究家族史,并不是指这类普通人写的普通家史或回忆录,而是写大家族、名门望族的家族史。

人民是历史的主人,历史是人民创造的。这是我们耳熟能详的话,也是我们从小就接受的真理。当年就曾狠批了以帝王将相为纲的史学。上世纪80年代著名史学家黎澍先生对这种"人民史观"提出了质疑。现在看来,从事生产活动推动历史进步的的确是人民,但通过对帝王将相的描写才最有可能展现历史的全貌,这是毋庸置疑的。同样,我们要通过写家族来反映历史，主要应该写名门望族，而不是普通人的家族。毕竟在任何一个时代，这些名门望族对当时社会的影响和起到的推动作用要远大于普通家族。因此，研究家族史，中心还是名门望族史。

名门望族是指有财富、有地位、有文化的家族。中国传统文化讲"耕读传家"。"耕"指创造财富，"读"指传承文化。"耕"而创造了巨大财富，"读"而当官或学术有成就。这样的家族有钱、有地位、有名望而成为名门望族。而且，作为家族就不能仅仅是一个人，而是要传承若干代。"伟人"不同于名门望族，研究伟人，写他们的传记，还不是研究家族史。伟人的回忆录尽管也会回顾祖上，谈到自己所受的家庭影响，但并不等于家族史。讲家族史，要先讲清楚这个家族一代一代所作出的贡献，以及各代之间在财富和文化上的传承。财富的传承是基础，文化的传承是灵魂。这样的家族如国外的美第奇家族、罗斯柴尔德家族，中国山西闻喜的裴氏家族、山东琅琊的王氏家族。

中国历史上有许多这样的名门望族，研究这些家族的历史对认识中国社会有极为重要的意义。从这种意义上看，我认为余世存先生的《家世》写得不够严肃。这本书属于"百年中国家族兴衰"，是要写百年来中国的名门望族史的。书中也选择了一些在中国近代史上有影响的家族，如宋家、蒋家、荣家，等等，但书中所写的许多家算不上名门望族。如梁漱溟的家族，充其量也就他与他父亲两代。而且他父亲梁济称不上多大的官或对中国文化有多大贡献，只不过殉清而亡，不适应时代变革而已，如果不是其子有名，早已没人记得了。再往后就是普通人了。至于最后写的蔡家、杨家和自己的余家，更不好意思，不过是极为普通的人家，与名门望族根本挂不上边。把这些家族也归于百年名家就有点滥竽充数、鱼目混珠了。

应该如何研究家族史？我自己对家族史没有什么研究，也不了解写家族史的学术规范。但作为一个读者，我知道自己想了解家族的什么。首先我想知道这个家族的谱系，即一代一代的传承关系。这个谱系要可靠，必须按家谱来写。中国人许多家族，包括普通家族都有家谱。尽管在历次战乱和运动中不少家谱都被毁了，但留下来的仍然不少。有些家族人口众多，谱系复杂，不可能都写到，那就选成就最大的一支。如晋商乔家，第一代乔贵发有三个儿子，但以后在商业中最成功的是老三，即"三门"在中堂一支。乔家最成功的是乔致庸，其他可以不表，可以顺这一支下去。到第五代作为掌门人的乔映霞最成功，可再沿这一支下去，其他则可略去或简述。有了这个谱系才叫家族史。其次，研究的重点还是当官最大、经商最成功或学术上贡献最大，从而在历史上最有名的人。一个大家族中难免有许多碌碌无为之凡人，作为传世家族肯定有这样的人。但作为读者肯定不是对这个家族的什么人都想知道，他们想知道的只是名人。最后也是最重要的是这个家族的传统。每个大家族都有自己的文化特征、家风与传统，以后甚至这个家族再没有当大官的，也没有发大财的，都成了普通人，这种家风和传统也会留下来。例如，晋商常家到现在已成为普通人，没有其祖上在商业上的成功了。但好学、诚信等好家风仍然体现在这家人的许多后代身上，即使他们只是再普通不过的小学教师。作为读者，我最有兴趣的就是这一点。这些大家族的家风、传统是什么？这种家风、传统是如何形成又一代一代传下来的？这样研究家族才有特色——与研究伟人有差别——对社会才有意义。家族研究不同于写家谱，要有丰富的文化内涵。只叙事，摆豆腐账也不行，要归纳出不同家族的家风与传统。正是这种家风与传统使他们代代有杰出人才，才能成为令人敬仰的名门望族。有些家族子孙繁多，谱系特别复杂，如越王钱镠后人的钱家，不同支系有成就的也甚多，这样的家族还是分开写好。把当代不同钱氏名人都归于钱镠未免太简单化了一些。

因为这些不同的"钱",家风与传统还是不同的。钱镠毕竟太远,多少年过去后,同是其后人并有成就的钱家各门毕竟有很大不同,用钱镠的家风来概括以后的各个钱家,未免有点太大而化之了。

　　写家族史还是要尽量公平客观一点。家族的后人写本族的家族史就难免偏袒,只写自己先人如何过五关斩六将,不提走麦城。就是外人写也无法完全避免这一问题。这一来是中国人有为尊者讳的传统,只想讲这个家族的伟大,而有意无意地回避其渺小之处。当然也许还有其他原因,如缺乏资料或怕其后人起诉。我觉得后人起诉是最恶劣的中国特色,你先人做了坏事,为什么不让说?研究者对你先人的业绩有夸大的,你为什么不起诉?多少代人过去了,还有什么名誉权?研究者说错了,你从学术的角度驳斥完全可以,用得着上法庭吗?或受人钱财,为人树碑立传,不敢言错。《江南席家》是一本相当好的家族史著作,但一个问题就是避开了席家人的过错。席家第一代买办席正甫的孙子20多岁就由于在妓院与一军阀争夺一妓女而被打死。当时这是上海一大热点新闻,大小媒体都有爆炒,但书中却没有写这件事。这对席家不是小事,但一个人出了事并不影响席家在近代史上的贡献,也无损于席家的家风和传统。一个名门望族也不可能代代都优秀，有个把不肖子孙很正常，毕竟不是主流。但不写这种不肖子孙就不是真实的历史了。其实许多名人对这一点是有认识的。据说洛克菲勒临终前就叮嘱子孙不让写他的传记。洛克菲勒作为第一代创业者当然做过许多违法，或违背良知的事（这是第一代企业家共同的）。子孙只能写光辉的创业史，别人不会相信这种伪历史。所以，不让子孙写，让别人去客观地研究。我觉得洛克菲勒这种态度说明他是个明白人，我敬佩他。后人写洛克菲勒的传记当然有扬有抑，但也没听说他的后人起诉哪位研究者。

我看到的国人写的家族史著作并不多，但有两本给我留下了深刻的印象。一本是萧华荣先生写的《华丽家族：两晋南朝陈郡谢氏传奇》[1]，另一本也是他写的《簪缨世家：两晋南朝琅邪王氏传奇》[2]。王谢两家的确是中国历史上最有名的名门望族，所以才有"旧时王谢堂前燕，飞入寻常百姓家"之名句。我觉得即使今天看，20多年前写的两本书也相当好。作者概括出这两家"一样的源远流长，一样的赫赫华贵，一样的冠冕相承，一样的风流相尚"。但谢家的传统与家风是"名

---

[1] 生活·读书·新知三联书店，1994年。
[2] 生活·读书·新知三联书店，1995年。

士家风，庄老心态"，即华丽而又有点"华而不实"，王氏更有进取心与权势欲。围绕这种家风与传统写出了这两个家族的传承、代表人物与家风与传统的表现。当年我每本书都看了两遍，对仅年长我两岁的素未谋面的萧华荣学长敬佩不已。写书时萧先生为华师大中文系副教授，现今不知如何？以后我很少看到这样的好书。

去年看的书中，王碧蓉写的《百年袁家》[1]也是一部研究家族史的优秀著作，本来我推荐的10本书中有这一本，但后来割爱了。袁家当然是近代的名门望族，但袁世凯在原配之外又纳了九位如夫人，共十妻妾，子女三十二人（十七子，十五女）。子女中长子袁克定、次子袁克文都是民国名人，袁克文的儿子袁家骝也是当代名人，这么一个大家族太不容易写了。于是作者选取五夫人杨氏这一支为研究对象。我觉得这种选择甚为得当，袁氏离今天并不远，书面资料相当丰富，但人们更多关注的还是袁克定和袁克文。作者不仅阅读了许多资料，更可贵的是还向袁氏杨夫人这一支的后人进行采访，以及做了相关的调查。这就使这本书的内容十分丰富，把这一支人的传承介绍得清清楚楚。书中绝大部分内容我们

---

[1] 广西师范大学出版社，2013年。

过去了解很少。袁世凯长期被作为近代第一反动人物，戴着"卖国贼"的帽子。今世有人为袁平反，但无论我们如何评价袁世凯本人及其长子袁克定、次子袁克文，看完本书我觉得杨夫人这一支的子女是相当优秀的，不愧为名门之后。在他们的先人戴着"卖国贼"帽子的时代，他们仍然默默地勤奋工作，相濡以沫。他们在逆境中的沉默、踏实、勤奋，以及相互间的亲情，让我领略了袁氏家风。作者下了相当大的功夫，进行了极为认真的研究，这样的好书如今不多见了。相比之下，《家世》一书则显得单薄得多，并没有什么深入的研究，大多都是网上的一些内容。所以，很难让人对所写的家族有什么认识。

家族史的研究不容易，还有被起诉的风险。但我希望有更多的人静下心来研究中国历史上，尤其是近百年的名门望族，让人们学有榜样。如果中国现在还能形成一批耕读传家的家族，中国的复兴就不是一句空话了，人们也不会因为被说成富二代官二代而不好意思了。

（余世存：《家世》，北京时代华文书局，2014年）

古代闽南海上贸易何以繁荣？

我们爱读什么样的历史书？

这里所说的"我们",指非专业的史学票友。我们缺乏正规的史学训练与根底,但对史学极有兴趣,平时爱读史学书,作为消闲,偶尔也写点通俗的史学文章或著作。我们这类人的数量还是相当大的,是购买与阅读史学书的市场主力。

在谈我们爱读哪类史学书之前,先要说说我们不爱读哪类史学书。一类是"以论带史"的书。以论带史是新中国成立后形成的史学传统。一代史学家都养成了这种习惯，先有一个为主流史学认同的观点，然后用或真或伪，甚至经自己改造的史料予以证明。如围绕历史发展"五阶段论"而展开的中国封建社会分期研究，又如为证明中国有资本主义萌芽而写出的大量著作，再如美化太平天国的相关著作，等等。这类书一度成为主流的史学书，现在看来多成刍狗。但这种学风对当下的史学研究仍有不可忽视的影响，这类史学书如今仍不少。清除这种传统，恐怕还不是一代人的事。

另一类是专业工作者的烦琐考证，以史料考证代替历史研究本身。当然，考证对历史研究是极为重要的，是研究历史的基础。历史真相只有通过辛勤的资料收集、考证才能弄清楚。也确实需要有一批专业史学工作者从事这项工作。不过，对没有经过正规史学训练的非专业人士来说，这类书太艰深了。票友读史学书，还是为了休闲，读起来太费劲，也就不去读了。我对这类书就是敬而远之，真心尊敬，但不敢买，也不敢看。

还有一类书，名为史学，实为"戏说""大话"。作者往往并非专业史学工作者，史学知识与研究能力恐怕还不如许多票友。但正因为无知，所以无畏，什么都敢说、敢写，甚至为了出名，抛出惊世骇俗而又违背基本常识的观点，或者迎合读者的喜爱编出一些有色有味的细节，就像不少历史影视剧那样。这类书颇为畅销，但实际上歪曲了历史，给读者一些错误的历史观和史学知识。国人对清代所持的许多错误观点和知识，就来自铺天盖地的清宫剧和这些不靠谱的书。我对这类书是"鄙而远之"，从心底里看不起，既不买，也不看。

我们喜欢的史学书，首先要言之有据，以丰富的资料来揭示历史的真相，证明自己的观点。全书读毕，如有兴趣，还可以靠作者提供的参考书目深入研究下去。票友们没有能力，也没有时间对资料进行收集、梳理和考证。这是专业史学工作者的优势。其次是能从对史料的整理分析中得出一些有启发的观点。这就要求专业史学工作者熟悉理论，不仅是史学理论，还包括经济学、社会学等。传统史学工作者重视史料的收集考证，但不太重视理论，"钻进史料成一统，管它东西南北风"。这类学者的确做出了巨大贡献，但这仅仅是研究历史的基础工作。票友们读史，更是为了得到一些有益的启发，有助于他们所从事的专业研究，拓宽他们的视野。已故的史学家黄仁宇教授的著作就属于这一类。

在我最近读的史学著作里，香港史学家苏基朗教授的《刺桐梦华录》就属于我爱读的这类历史书。

刺桐是以泉州为中心的闽南地区。《刺桐梦华录》描写的是宋元时期（公元946—1368年）闽南商品经济的发展状况。论述这一地区的经济发展，首先要介绍当时历史发展的真实状况，这就要靠史料。正史的重点在于政治、军事，对经济的记载不全面，也缺乏相关的统计数据，尤其对某个地区的情况，记载更少，甚至没有。野史会有所记载，但时间久远，流失的也极多。近代学者对这一问题，几乎很少问津。如何根据有限的资料再现当年的历史真实，是研究者所遇到的第一个大问题，没有这一步，以后的研究就无从入手。

作者为写此书，阅读了大量的文献资料，我大致数了一下本书的"参考文献"，近千种之多，几乎把有关这一题目的直接与间接资料一网打尽。其中包括中外交流史、艺术史、地方史及社会经济史。第一类是与泉州有关的外国文献，外国人在闽南的各种活动的记录，以及有关国外宗教、外交、对外贸易等的资料。第二类是美学、民俗学以及文物发现类的文献。第三类是不断涌现的地方史研究文献。第四类是宋元时期泉州社会政治与经济的新资料。这些资料极为零散，不少发表在国内地方性报刊上，但作者都注意到了。研究一个问题，阅读如此多的资料，在国内专业史学工作者中并不多见。

尤其值得重视的是作者对国外资料的收集。过去，国内专业史学工作者由于外语水平和其他条件所限，对国外研究中国史的状况注意得不够。其实外国人对中国史的研究，无论在资料、观点还是分析方法等方面都很有特色。特别是他们摆脱了不少传统意识形态的束缚，又占有相当丰富的资料，许多研究成果都很有意义。所以中国史的研究应该打破中外界限。苏基朗先生熟悉多门外语，又有机会在国外学习、研究，阅读了大量国外相关资料及国外学者的学术成果，尤其是日本学者的研究，这就十分有意义。好在随着近年来中国专业史学工作者的外语水平的提高，以及与国外越来越频繁的交流，过去的状况正在改善。国外对中国史的研究不仅仅是费正清、《剑桥中国史》这类十分知名的人物与著作，还包括许多不甚知名的研究者所从事的工作，苏先生引用的正是这类成果。

对资料的收集、阅读仅仅是第一步。重要的还在于对资料的分析、鉴别真伪，并从中了解历史真相。每个人的研究都是在前人研究的基础上，对前人的研究成果尊重而不迷信，才有突破和发展。作者的研究建立在三位学者研究的基础上，一是日本学者桑原骘藏关于宋元时期泉州一位重要人物蒲寿庚的研究著作。作者肯定了桑原在上世纪一二十年代这项研究的开拓意义,但也明确表示自己的观点与桑原不同,作者还附上了桑原的原著,供读者参考。二是台湾学者李东华的《泉州与我国中古的海上交通》,作者肯定了该著作"旁征博引,资料翔实"的特点,但也强调他与李先生观点上的区别。三是美国学者克拉克的著作,这是迄今为止研究唐宋闽南经济最全面的英文著作,但作者与他也有重大差异。这就使得对这一问题感兴趣的读者,可以追本溯源。

尽管关于这一问题的资料并不多,但作者也重新辨别真假,并不是一概采用。比如13世纪意大利犹太人大卫·赛尔本编译的《雅各·德安科纳手稿》[1],学界对其内容一直抱有疑问,作者亦怀疑其史料来源而不用,参考书目也未将其列入。另一份是20世纪80年代在泉州发现的《西山杂志》,尽管当地学者认为价值不菲,但他认为"内容不无令人生疑之处",且有学者认为,此书讲的故事可能出自后人伪作而持保留态度。由此可见,作者对资料的引用是相当认真的,这正是史学工作者应有的态度,完全不同于以论带史的传统。

在大量资料的基础上,作者先概述了自隋唐以来福建及闽南经济发展的状况,然后详细再现了本书所述的宋元时期

---

[1] 本书中文版《光明之城》由杨民等译,上海人民出版社2000年出版。

的经济发展,包括宋代时与商业同时扩张的农业、转口贸易和三角贸易市场扩张、国家和有关部门对海上贸易的控制、南宋之后的海外贸易和多元繁荣、市场的开拓、闽南贸易的特点、官府的参与、农业的商品化以及地方工业的兴起。

在此基础上得出结论:"这一时期,闽南的经济表现十分均衡,整个区域分享着空前繁荣,经济机遇向闽南广大阶层敞开大门,造就众多经济成功人士。"但作者并没有被南宋和元代泉州经济始终繁荣的传统观点所束缚,他在整理分析资料的基础上指出:"在十三世纪末的世纪之交,闽南经济开始出现问题,海外贸易中的问题尤为明显。"他分析了政府财政危机的出现,海外贸易的衰落,国内贸易与农业的问题,纸币的出现和使用所出现的海洋经济中的货币问题以及地方精英和地方化的国家权力(即地方军阀、豪门的形成及影响)。此后元朝建立,"闽南经济再次复兴",至元末经济又遭破坏。

如果说作者对宋元时期经济发展史的介绍是"纵"的分析,那么他对闽南地区系统的空间论述就是"横"的分析。有纵有横,既能全面反映闽南地区的经济发展,又使分析更加深化。他分析了区域行政分化、城市系统以及乡村结构为中心的农村系统,注册人口的分布及跨区的陆上交通网络,说明了闽南作为一个整合区域的意义。在闽南这个区域，泉州又是中心，他分析了泉州的基本布局、主要建筑的布局模式、商业区和地方产业，以及地方精英的住宅区，说明泉州作为商业与行政中心在闽南经济发展中的作用及经济发展对城市的影响。而且用外贸发展的个例说明了闽南经济整合的作用。

作为实证史学，像以上那样论述了闽南经济发展的概况，已经完成了任务。许多经济史也止于弄清历史真相这一步。但苏基朗教授属于新一代史学家，他不满足于弄清历史真相，而是要进一步分析这些现象背后的原因。这就是我们所喜爱的"论从史出"，即由对史实的研究走向更高一层的史学理论研究。这就要求史学工作者不仅要掌握史料，还要熟知相关的理论，这样分析才会有深度，也才会更予人启发。

这本书的理论分析部分题为"结构：闽南经济的交易成本分析"。作者所依据的，是以交易成本和产权理论为中心的新制度经济学理论，尤其是科斯与诺斯的理论。所以，读这本书时，我重读了科斯的《企业、市场与法律》、科斯与他人合著的《财产权利与制度变迁》，以及诺斯的《西方世界的兴起》《经济史中的结构变迁》。这种对照阅读，使我深感苏先生并非简单地用理论去套历史事实，而是对这些理论极为熟悉，用这些理论去指导自己对历史的分析。

对闽南经济的制度分析，不是从已有的理论出发，而是从历史事实出发。理论有普遍意义，但各地经济仍有自己的差异。作者以闽南的商人、组织和知识为基础，首先梳理了闽南商人的类别，说明这一群体的复杂性及潜在动态，然后分析对外贸易的商业行为，以及地方教育和商业知识，并以三佛齐为例说明了海外市场的贸易模式。这种分析可以作为整个制度分析的先导，是从闽南商业的具体特点出发的。在此基础上，作者说明了"闽南作为一个整体，他们形成了一套正规制度框架，可以大幅降低交易成本，并创造出有利于海上贸易的动机结构，以及各种机会。的确，这一正规框架对促进该地区的繁荣起到了很重要的作用"。

经济的繁荣取决于制度，而制度的供给者主要是政府。在当时以海外贸易为主的情况下，促进闽南经济发展的法律主要包括海洋经济的法律框架、市舶条例、海上交易中的财产权保护，宋代海上贸易的缔结程序与契约协议（即合同法）以及商业纠纷的诉讼和调解。这些法律保证了海上贸易的正常秩序，而且从实际来看，这些法律符合依法贸易的利益大于非法走私的利益这一原则，从而能够得到落实。

制度既包括政府制定的正规制度，也包括来自传统的非正规制度。应该说，在宋元时代，正规的制度不可能完备，非正规的制度就更为重要。而且在中国整个传统社会中，非正规制度起的作用极为重要，甚至大于正规制度。中国明清时代商帮的成功对非正规制度的依赖性比对正规制度的更大。这一点是中国历史特有的，作者重点分析了非正规制度。这种制度的来源是"儒家伦理，宗教信仰以及人脉关系"（第276页），这包括：闽南的民众心态是受制约的经济理性；儒家学说中包含的商业伦理，如勤、俭、诚信；宗教信仰；敬神与相信报应抑制了商人过度追逐利润的行为；亲属组织和保人机制作为一种基于人脉关系的力量制止了商人的违法行为。这些分析使我们对闽南经济发展有了更深入的了解，同时对分析中国封建社会的商业史亦有启发。

从1977年苏先生读香港中文大学硕士班第二年时选定泉州历史地理作为硕士论文题目，到2001年英文版《刺桐梦华录》面世，其间经过了二十多年。我们常说"十年磨一剑"，而苏先生磨这把剑用了二十多年，怪不得写出这样高水平的学术著作。这样一本专业的学术著作，我读过之后觉得非常好。我这个史学票友都能读下来，而且深受启发，其他比我水平高的读者读起来会更轻松。这样的书，正可谓雅俗共赏。

　　这本书是浙江大学出版社出版的"社会经济史译丛"中的一种，丛书共十三种。其中，《说狐》《历史上的理学》与经济史没有直接关系，《布罗代尔的史学解析》与《为什么是欧洲》与中国经济史无关，其余都是外国学者的中国经济史著作。浙大出版社前些年默默无闻，但这些年异军崛起，出了许多商业上或许没什么利润、却极有学术意义的书，如另一套"奥地利学派译丛"亦极有意义。他们的眼光值得赞许，在"利润就是一切"的形势下，更值得倡导。在中国，这样的出版社多了，中国文化也就有了希望。

（苏基朗：《刺桐梦华录》，浙江大学出版社，2012年）

别让"老大哥"美梦成真

1948年,英国作家乔治·奥威尔写出了著名的反乌托邦小说《1984》。该小说描写了一个虚拟的大洋国,其领袖"老大哥"借助于被称为"电幕"的高科技视频器来监控每一个人的生活和交往,如发现有可疑思想与行为者就监禁、审问、拷打、清洗。这是一个泯灭人性、践踏个人隐私、钳制思想而又生活极度贫乏的恐怖社会。尽管小说出版前后,世界上也出现了极权主义国家,但由于"电幕"毕竟是科幻,极权者心有余而力不足,极权美梦并没有成为现实。

但在 20 世纪 60 年代以后，由于信息技术进步，电脑数量和质量呈几何级数增加，实现了数据革命。从而"老大哥"美梦成真的可能性越来越大。尤其是小布什政府的万维信息触角计划，使这种监控在技术上完全可以实现。因此，有人把《1984》电影海报"老大哥在看着你"中的"老大哥"换成了布什。

当然，信息技术进步引起的这种监控每个人的可能，仅仅是当代数据革命一种可能的前景。另一种正在实现的可能则是数据革命促进了政治民主化，提高了管理效率，并大大改善了我们的生活。涂子沛先生在《大数据》一书中既说明了数据革命对人监控的技术可能性，又展现了数据革命给我们带来的巨大的可实现的利益。

2008 年，奥巴马总统上任的第一天签署了五个文件。其中首份总统备忘录案是《透明和开放的"政府"》，第二份总统备忘录案是《信息自由法》。奥巴马这个举动表示，他要实践"阳光是最好的防腐剂"的真理，让公众利用数据革命监督政府。这表明数据革命也可以成为民主的推进器。

抛开政治，数据革命给我们带来的好处是巨大的。美国统计学家、管理学家爱德华·戴明的名言是："除了上帝，任何人都必须用数据来说话。"如今他所说的数据已不是简单的统计数字，而是日新月异的信息技术，是大数据。这种数据革命全面提高了我们的生活质量。美国联邦政府是一个拥有二百多万名员工、许多错综复杂部门的机构，它运用数据来管理这个庞大的国家。各部门都用数据来决策、管理、创新，这就大大提高了管理水平。以交通部门而言，用数据来管理交通，大大降低了死亡率。美国汽车的每千人拥有量为797辆，中国每千人拥有量为128辆，但美国车祸死亡人数仅仅为中国的一半，这其中就有数据革命之功。此外，还出现了以数据管理为工具，减低犯罪率的警务管理模式。甚至还通过数据分析发现了福利的滥用。当然，数据革命更多地还是用于商务、经济和其他方面。可以说美国人今天生活水平的提高，没有一项能离开数据革命。

数据革命是成为"老大哥"实行专制的工具，还是成为促进社会进步的助推器，关键取决于一国的政治制度。如果是专制国家的"老大哥"控制了数据革命，那就是"电幕"由科幻变为现实，控制每一个人在技术上毫无困难之处。如果是民主国家实现了数据革命，就存在后一种可能。

我们说民主国家仅仅为数据革命促进社会进步提供了一种可能而不是必然，要使这种可能性成为现实，仍然需要经过斗争和争取。任何政府（包括民主国家的政府），或者出于管理好国家的善良愿望，或者出于对敌对势力的防范，或者出于掩盖自己错误与缺点的想法，或者仅仅出于人要控制其他人的本性，总想保守自己的秘密，并能监控公民。它们希望自己拥有更多信息，并对公民封锁信息。在专制国家中，政治制度保证了这一点可以轻而易举地实现。在民主国家中，实现这一点则有制度上的困难。但政府总要在尽可能的情况下实现这个目标。能否实现则取决于公民的态度。如果他们听任政府摆布，政府就可使信息极度不对称，并用貌似合法的借口来监控人民。如果公民能运用法律赋予的民主手段进行抗争，政府也会被迫走向民主化。即使有了民主制度，有了法律保护，真正的民主也是靠自己争取的，而不是任何人恩赐的。"从来就没有什么救世主"，这句话对民主国家也适用，政府和总统不会自动成为慈善的上帝。在《大数据》中，涂子沛先生讲述了美国公众争取数据革命向良性发展的斗争。

美国没有专制的传统，从建国起就是民主立国的。《独立宣言》的起草人、美国第三任总统杰斐逊指出："信息之于民主，就如货币之于经济。"然而从近一百多年的历史来看，政府的信息公开程度还是政府说了算。由于言论自由是美国的立国原则之一，所以记者和编辑一直在推动信息公开。二战后美国报纸编辑协会成立了以著名编辑沃尔特斯为主席的美国信息自由协会。在该协会历任主席和众议员约翰·摩斯的推动下，终于在1967年通过了《信息自由法》，以后又通过了《信息自由法修正案》，1976年还通过了《阳光政府法》。这才基本实现了政府信息公开。这个进步并不是政府主动推进的，而主要是由公民的力量推动的。要政府愿意主动公开信息恐怕比让狼吐出口中的肉还难。是美国的法律赋予了公民的权利，公民斗争才有这些进步的。

信息技术突飞猛进，实现了数据革命之后，联邦政府实施大数据战略，所控制的数据数量激增，速度加快，且丰富多样。政府当然不愿意全部公开这些数据。而且，这也为政府监控每一个人提供了工具。因此，数据革命之后，公民的斗争就围绕着两个问题。一是如何让政府公开全部数据，二是如何保护个人隐私。这是数据革命时代民主和人权的核心问题，即使在美国这样的民主国家，这些权利也不是政府自动给予的，而是公民争取来的。

1980年，为了规范、控制联邦政府的信息收集工作，国会通过了《纸面工作精简法》。该法规定了收集原则是减负，使用原则是保护个人隐私，发布原则是免费，管理原则是保证质量。但任何法律都不可能一劳永逸，所以此后在公众的推动下又对这个法进行了修改和补充。而法律的实施则是一个更为艰苦的斗争过程。

斗争的一方面是如何避免政府利用信息技术来侵犯个人隐私。早在1965年,当电脑还处于第一阶段——主机时代时,就出现了这种担心的端倪。1966年,联邦政府向国会提交了"中央数据银行"的方案,引起社会强烈反弹,最终这个计划流产。在保护个人隐私的斗争中,统一身份证号始终是一个争论的焦点。统一身份证号为统一管理提供了方便,但也使政府更容易监控个人隐私,因此克林顿政府在20世纪90年代的统一医疗服务号就没有通过。"9·11"以后,小布什政府以反恐的名义向左转,想实施"万维信息触角计划",但最终没有实现。在这一过程中保证公民胜利的是民主制度下公民的权利,是美国公民自由联盟等公民组织斗争的结果。

斗争的另一方面则是让政府公开信息,即数据开放。政府早已把公开信息写入法律,作了承诺,但一旦涉及政府的利益,法律条款变为现实也颇不容易。这就有社会活动家、公益组织的活动促使这个法律得以实现。典型的例子是公开白宫访客记录。奥巴马一向以支持数据开放著称,但他却遇到一个来自民间草根组织的挑战。在关于医改的争论中,民间公益组织华盛顿责任道德公民中心，想要了解谁在访问白宫，谁在影响政策的制定，但白宫拒绝了。然而该组织并没有放弃，他们还得到其他许多人的支持，最后奥巴马终于让步了。这不是公开信息的唯一胜利。2010年西弗吉尼亚上大支矿二十多名矿工遇难，再一次涉及数据公开。公众要求公开矿难的相关数据，尤其是政府对这个矿山风险管理的数据。这些数据会反映出政府疏于管理的事实，有关政府机构不愿意公布，但在公众的推动之下，最后仍然公布了。每当数据涉及政府利益时，政府的自然反应是不愿意公布，以各种借口来回避。好的结果是公众斗争的结果，在以后的数据公开中永远如此。

数据化管理是未来不可改变的趋势。如何让技术进步给社会带来进步，给人类带来福利，而不是使"老大哥"的美梦一步步实现，关键是政治制度问题，而不是技术问题。一切追求数据革命的国家都要从建立民主制度开始，技术是工具，政治制度决定了它使用的方式。《大数据》讲的是美国的事，但现在正在或以后会发生在每一个国家。

（涂子沛：《大数据》，广西师范大学出版社，2013年）

罗马城不是一天消失的

有一次去杭州,晚上独自散步,流连于高楼大厦和热闹的品牌店之间,突然忘了自己是在哪里。

因为那一段时间我连续去了成都、重庆、武汉等多个城市,都是同样的高楼大厦,同样的店铺,个个一样,全无特色。

这些城市我 80 年代都数次去过,每到一个城市都感受到它不同的建筑特色与文化气质,现在这些差异全没了。每个城市有独特的布局与建筑,这些体现了不同的文化。这些城市独特的文化是如何消失的?最近读了王军先生的《城记》

《采访本上的城市》和《拾年》，终于解开了我的这种疑惑。

王军先生的这三本书是写北京的城市文化是如何消失的。北京有三千多年建城史，有八百多年作为首都的历史。北京城的布局、建筑，从皇宫到各个王府大院再到四合院，集中体现了中国传统文化。北京文化就是中国传统文化的一部分。无怪乎各国建筑学家、文人学者、政商大腕，对北京赞不绝口。现代化的推陈出新不是推倒旧的，以新的代替，而是继承旧的、保存旧的、推出新的。可惜几十年来，北京城的现代化主调都是推倒旧的，全用新的。

不少人为旧北京的消失痛惜，但也有不少人认为，要发展经济，要建成新北京，就必须推倒旧北京。这后一种观点把经济发展与保留传统城市文化对立起来，完全是形而上学的。

新中国成立初，梁思成与陈占祥先生提出的保留旧北京、建设新北京的"梁陈方案"完全可以解决保留传统与实现现代化的矛盾。世界上许多城市，如伦敦、巴黎都是这样做的，并获得了成功。但为什么北京没有实施"梁陈方案"，实现旧传统与现代化同样辉煌呢？

新中国成立初期，梁思成先生对计划经济满怀希望。在他看来，旧社会土地私人所有，政府腐败无能，给保留旧北京造成困难，早在民国时代，旧北京就开始遭到破坏。计划经济下，土地公有了，政府可以统一规划，可以有计划、按比例地发展经济，过去的无序发展可以得到根本纠正，保留旧北京、发展新北京就可以由梦想变为现实。在资本主义的美国受教育、在军阀混战的旧中国生活的梁思成先生对共产党和计划经济的渴望是可以理解的，也是正常的。

尽管旧北京的毁坏从军阀混战的民国时代就开始了，但有决定性意义的一步还是在以后。

从中外的历史与现实看，首都只能是政治中心，顶多再加上文化中心，绝不能成为一切的中心。明清的北京只是政治中心，也有点文化，还谈不上是中心。美国的华盛顿只是政治中心，连文化中心也算不上。但以后，北京变成政治、文化、经济以及一切的一切的中心。要成为文化中心，许多新高校都建在北京，许多文化机构、媒体都设在北京，甚至把原在上海的商务印书馆和中华书局都迁到了北京。要成为经济中心，所以，国民经济中的130个部门，北京就设了120个，不说企业有多少，仅烟囱就约1.4万个。像首钢这样的耗水、耗电，又污染严重的企业，不仅没迁走，反而得到了巨大的发展。今天的北京，城市极为庞大，人口达到2000万左右，交通拥堵为世界之冠，不都是有计划地把北京变为一切中心的结果吗？

计划者的思想不仅体现在北京要成为一切的中心，更体现在新北京的建设要围绕以中南海为中心的旧城"摊大饼"，这就有了破坏旧城、把国家机关都建在这一带的做法。旧北京占北京地域仅5.7%，这么大点儿的地方能有多大的实用价值，能建多少房子？要在这么小的地方建行政机构、文化机构、商业设施，甚至企业，又要解决交通问题，旧的格局、旧的建筑，能不拆除吗？什么元、明、清旧居，什么文人故居，什么历史遗迹，无论有多少文化价值，自然都要推倒。

"梁陈方案"受到批判且无法实施，正在于它与计划者心中的北京根本是风马牛不相及。甚至有碍这个中心的故宫都险些被拆除、改造，更别说什么牌楼、文物之类了。但当这一切都拆除之后，北京还留下了什么传统文化呢？计划经济的乌托邦说起来很好，付诸实际之后呢？今天的北京就是结果。

但是认真说起来，1978年前北京的毁坏尽管巨大，但还不是毁灭性的。至少当时可以恢复部分北京旧貌，起码旧城中的许多旧建筑、四合院还在，许多文人故居还在。其他城市如成都、重庆、杭州等旧城的完全毁坏，也是在1978年以后。这并不是否认改革开放。改革开放是中国历史上最伟大的一步,是今天中国繁荣强大的起点。但经济发展和现代化是否要以旧城市的毁灭为代价呢?如果我们有更多保护传统文化、保护旧城市的观念,那么,就完全可以在保护城市文化的基础上实现今天这样举世瞩目的光辉成就。可惜我们在一味追求发展、追求现代化中却忽略了历史,忽略了传统文化。"以经济建设为中心"并不错,但绝不等于为GDP而牺牲一切。"发展是硬道理"也不错,但绝不等于不惜一切代价只追求GDP。强调一个中心时往往会忽略其他,追求GDP时也会忘记为此付出了什么代价。

1978年后,我们从"以阶级斗争为中心"转向"以经济建设为中心",1992年以后又从计划经济转向市场经济。这种方向性的改变使中国发生了翻天覆地的变化,经济总量跃升世界第二,国际地位空前提高。但旧的思维仍在起作用。比如,北京是政治、文化、经济的中心就没有发生根本性变动。这才有首钢的大规模扩张,才有北京GDP的巨大增长,北京的人口爆炸、交通拥堵和北京的大拆大建,这才有北京今天的文化缺失。当我们沉醉于伟大成绩之中时,我们就不能想一想,我们失去了什么?我们破坏了什么?

在市场经济时代,城市的规划仍然是政府制定的。城市文化的消失,责任在政府。在政府把GDP作为唯一指标和最终目的的情况下，不顾城市文化的毁坏，甚至加速城市文化的消失就是必然的。尽管社会各界人士呼吁保护城市文化，但在巨大的经济发展利益面前，这些呼吁显得极为苍白无力。甚至具备法律效力的规划方案，在强大的经济利益面前，也难以变为行动。城市的整体面貌和格局变了，被迫保留下来的个别遗迹能有什么意义呢？蔡元培故居四周都是西式大楼，这故居还有什么意义呢？至于重建的旧址，那是建还不如不建。以修旧为名的改造，简直是更彻底的破坏。新盖的大楼千篇一律，毫无自己的城市特点。全国都在这样建设，这就是到了杭州而不知身在何处的原因。我们有了现代化而失去了传统文化，这绝不是现代化的本意。

　　罗马城不是一天建成的，同样罗马城也不会在一天之内消失，几十年的失误造成今天城市文化的消失。从王军先生写北京的三本书中可以看出全国的情况。亡羊补牢永远不晚。现在是反省过去的失误并且纠正错误的时候了。

（王军：《拾年》，生活·读书·新知三联书店，2012年8月）

不战而胜的软实力

苏联东欧剧变固然有其内在原因，但外部力量也起了不可忽视的助推作用。这种外部力量不是以美国为首的西方国家对这些国家的武力入侵或经济制裁，而是西方文化的影响。当体现了美国文化的可口可乐、麦当劳和好莱坞大片进入这些国家并受到年青一代的热捧时，文化就构成了不可战胜的软实力。

软实力并不总是一直在提升的。"9·11"以后的美国日益奉行单边主义，尤其是在2003年不顾联合国和其他国家的看法而独自发动入侵伊拉克的战争后，美国的软实力受到严重伤害。据各国民意调查，批评美国的人增加，支持美国的人减少，甚至在一些国家出现了对美国的敌视。美国对伊拉克的武装进攻成功了，但美国的软实力却被削弱了。

成也软实力，败也软实力。什么是软实力？如何形成有助于自己成功的软实力呢？美国学者约瑟夫·奈（Joseph S. Nye, Jr.）在《软实力》一书中以美国为例说明了这一问题。

一个国家的实力包括硬实力和软实力。硬实力指"拥有的能够影响结果的6个能力或资源"。其中由人口、领土、资源和战略所决定的经济与军事力量就是硬实力。硬实力可以用一国的GDP或军队人数、军备数量等量化指标来衡量。看得见，摸得着，非常具体，人人都知道。但软实力却无法用量化指标来衡量，看不见，摸不着，玄而又玄。什么是软实力呢？约瑟夫·奈指出，"它是一种依靠吸引力而非通过威逼或利诱的手段来达到目标的能力"。它也是一种能力，不过形成这种能力的资源是"文化、政治理念和改革"。当一个国家的文化为更多人所接受，其政策被外界视为合理时，"其软实力也会相应增强"。

软实力以硬实力为基础，一个贫穷、软弱的国家，没有硬实力，也不可能有软实力。汉唐时代，中国富饶强大，硬实力在当时世界上堪称一流，其文化影响遍及欧亚，软实力亦相当可观。但近代中国一穷二白，甚至被日本这样的"蕞尔小国"打败，其软实力也就无从谈起。约瑟夫·奈用苏联的例子说明了这一点。二战之后，苏联挟战胜法西斯德国之雄风，经济增长迅速，又在世界上第一个发射了人造卫星，"在世界上许多地方，苏联前景迷住了许多人"。这就是以硬实力为基础的强大软实力。但以后计划经济引起的经济停滞、社会封闭与思想僵化，加之对外侵略的政策，使苏联既削弱了硬实力，也削弱了软实力。

但是，硬实力并不等于软实力。有了硬实力也不会自然而然地形成软实力。当年法西斯德国侵略并占领了许多国家，其硬实力当然不容置疑，但它即使在当时也没有让人信服的软实力。如何在硬实力的基础上形成软实力呢？这正是《软实力》一书关注的中心问题。

约瑟夫·奈认为："国家软实力主要来自三方面：文化（在其能发挥魅力的地方）、政治价值观（无论在国内外都能付诸实践）、外交政策（当其被视为合法，并具有道德权威时）。"他在书中是按此顺序首先论述文化的。但我认为软实力的核心是政治价值观，文化和外交政策都是这种价值观的体现与运用。没有一种明确的政治价值观，其他都谈不上。

世界上没有人人都接受的价值观，不同的国家由于历史与现实条件的不同，价值观也存在差异，但是从人性出发，体现人的尊严与追求，符合人性的价值观，越来越得到绝大多数人的认同。具有这种价值观的国家能形成自己的软实力，而拒绝这种价值观的国家无论付出多大努力，最后都形不成软实力。历史上的法西斯德国、日本，发动侵略战争屠杀犹太人和亚洲人民，侵犯了人最基本的生存权，即使在他们最强大时也没有软实力。口头上承认这种价值观并不难，难的是在国内外政策的实践中真正落实这种价值观。约瑟夫·奈指出"美国通过言行来表达其价值观"，但仅仅靠宣传并不够，关键是实践。作者援引一位瑞典外交官的话，指出"其一揽子软实力计划中最授人以柄之处就是露骨的双重标准和不稳定性"。作者得出的结论是"在实践政治价值观方面，美国在国内的表现可谓毁誉参半"。美国的这些所作所为损害了它的软实力。

最能体现一个国家政治价值观的莫过于文化了。文化可以分为高雅文化和大众文化，这两种文化都体现了政治价值观，对提高软实力有重要作用。不过，约瑟夫·奈所说的高雅文化和大众文化重点并不在于文化的内容，而在于交流的形式。高雅文化指留学生来美学习及高层人士之间科技、艺术、文学等的交流。留学生在美国学习，接受美国的政治价值观；国外高层人士到美国进行交流，受美国政治价值观的影响。美国吸引了全球海外留学生的28%，在美国的海外学者2002年已达8.6万人。这些人接受了美国的政治价值观，有些人回国后身居要职，决定政策，这就形成了美国的软实力。这就是美国的特洛伊木马。美国流行文化中尽管有浮华、性、暴力、无聊和物质主义等腐朽的内容，但不可否认，它的主体体现了"开放的、灵活的、个人主义的、反正统的、多元的、唯意志的、平民主义的、自由的美国式价值观"。这些观念通过电影、音乐、体育、快餐、饮料等传播到世界各地，对平民产生了巨大影响。

作者指出："如果没有西方流行文化经年累月传递的那些影响，没有它们'搞破坏'，光凭锤子和压路机是难以推倒柏林墙的。"

外交政策传递了美国的价值观，从而形成了美国的软实力。伴随战后援助欧洲的"马歇尔计划"，美国输出了"联邦制、民主和开放市场"等一些代表美国核心价值观的东西，欧洲人接受了这些观念。"正是美欧之间文化与价值观的大量重叠，促成了美国的软实力。"美国还通过提供国际公共物品，如维护国际秩序以及对外援助来扩大自己的影响，形成软实力。但作者特别指出了"9·11"以后小布什政府奉行单边主义，减少对外交流，有损于美国的软实力，"有调查显示，美国在大多数欧洲国家的支持率平均下跌30%，而在伊斯兰国家支持率更低"。

当然，软实力不仅美国有，各国都有，苏联在战后曾具有相当的软实力。欧洲的软实力与美国水平最接近。亚洲具有潜在的软实力资源，随着亚洲经济的繁荣，日本、印度、中国也正在形成自己的软实力。非政府组织的软实力也不可忽视。这说明各国都可以利用自己的资源，形成有自己传统文化的软实力。本书主要讲的是美国，但绝不是美国才有软实力，软实力不是美国的专利，在多极世界上，各国都可以形成自己的软实力，并发挥作用。

中国的领导人早已关注到中国的软实力问题。胡锦涛2007年在党的十七大上就提出了提高国家文化软实力的问题。中国是一个大国，随着我国硬实力的不断增强，软实力问题必然产生。我们有悠久的历史，有悠久的文化，有丰富的软实力资源。党中央一再倡导发展文化事业，这正是提高软实力的努力。形成中国的软实力要从中国特色出发，不能照搬美国。但美国形成软实力的经验对我们不乏启发意义。正是从这种意义上说,《软实力》一书的出版是及时的。

（约瑟夫·奈:《软实力:权力,从硬实力到软实力》,马娟娟译,中信出版社,2013年）

门外汉浏览科幻小说

我从小就喜欢科幻小说。上初中时还写过一篇太阳能汽车的科幻小说，寄给《少年文艺》杂志。结果当然是退稿，还收到一封"不拟刊用，欢迎投稿"的信。这是我一生中唯一一次收到的退稿信。上大学后，这类书看得少了，所以应该是"门外汉"。所谓"浏览"，就不是认真看，认真研究，而是作为一种休闲去读，这就决定了我的观点，你只能随便一读，不必认真。

"科幻小说"全称为"科学幻想小说"，在我看来它应该具有三个特点。一是要以一定的科学理论为基础，从现有的科学知识去幻想是出发点；二是幻想，要有想象力，海阔天空地想，想出我们凡人所想不出的；三是小说，有故事，有情节，有人物，读完还可以受到启发。

这种小说起源于国外。尽管古代中国人也有科幻，如后羿嫦娥飞天之类，但作为小说的一类，还是出自国外。早期的科幻，最好的还是法国的儒勒·凡尔纳和英国的威尔斯。凡尔纳的小说，故事性更强，读起来有趣、吸引人，但幻想力稍弱，有些现在已实现，如《海底两万里》里讲述了一艘进行长时间海底游的潜艇。威尔斯的小说，幻想性极强，如《时间机器》中回到过去的幻想，至今没看到实现的可能，且一再被幻想。近代美国作家阿西莫夫极有名，但读过《星球大战》之后未免失望，无非把地球上的人类斗争搬到了宇宙中，把飞机、舰艇搬到太空中。我最欣赏的是日本作家小松左京的《日本沉没》，既有科学性：地质的变化与人类的破坏；又有幻想性：日本整个沉没了，真够敢想的！小说情节曲折，让人看得惊心动魄，且读完后颇有启发，对环保更加重视。

过去很少看中国人写的科幻，总觉得中国人受传统思想约束，缺乏想象力。看了科幻小说集《宇宙墓碑》和韩松的

《地铁》后,让我更不敢看了。前一本中除了叶永烈的一个短篇尚可看看外,其他的,我都不知道作者如何好意思拿出手。韩松是知名的科幻作家,但读了他写的《地铁》后,我不敢读科幻了,因为自己水平太低,根本看不懂。我看不懂的书很多,应该说不是人家书写得不好,而是我水平低。乔伊斯的《尤利西斯》,我读不懂,完全在于自己水平低。正如读不懂陈景润的数学论文,不在论文的水平,而在于自己的水平。读《地铁》,既没读出科学,也没读出小说,只觉得幻想太恐怖。我觉得自己还是水平太低,甚至产生了不敢看中国人写的科幻的想法。我感到,科幻是80后、90后的事,我是40后,代沟太大了,读不懂就别读。

但读了王晋康和刘慈欣的科幻小说后,又燃起了我读科幻的信心和兴趣。我把科幻分为两类,一类以科学为出发点,所设想的是可以实现的,另一类则是很难实现的事。无论哪一类作品,只要写得好,都有意义。王晋康大体上属于前一类(当然也有后一类的作品),刘慈欣大体上属于后一类。王晋康的科幻以小说见长,刘慈欣的科幻以幻想见长。

王晋康的作品看的多一点。根据网上的查询,他的所有小说,我几乎全读过了。如《与吾同在》《蚁生》《类人》系列,《拉格朗日墓场》《生死平衡》《七重外壳》《时间之河》《十字》《终极爆炸》等。读了这些书,令我对作者十分敬佩,王晋康也是40后的人,比我仅小2岁,但居然写出这么多既有科学、又有幻想、且真正为小说的作品。真是人与人的差别比人与猴子还大!

王晋康是理工科出身,具有相当深厚的科学基础。所以,他的不少作品中幻想的可实现性还是相当大的。如《类人》中,电脑技术的发展可以造出智力比人类还高的电脑人。《豹人》《癌人》《海人》中用基因工程制造出新的人类,也不是不可能的。当然,《与吾同在》中外星人存在并参与人类活动不太可能成为现实。王晋康的书也是非常好看的小说,无论是故事情节还是人物塑造,都不输给其他优秀小说,因此,吸引人,可读性极强。我看他的书都是一气读完的,即使已过午夜也舍不得放下,非读完才可安睡。写出如此吸引人的书,就是成功所在。作为小说,让人读不下去就是失败。

我最欣赏王晋康著作之处,还不在于他说科学,善幻想,且擅长于讲故事,而在于他的书中有科学伦理和思想观念的思考。我想这与他年龄大、人生经验丰富、思想深刻相关。《与吾同在》的幻想性极强,讲的是星际文明中的生死斗争,重点还在于人类的态度。书中探讨了一个长久以来受人关注的哲学问题:什么是善,什么是恶。作者的观念是,大善不避小恶。判断善恶要从整个人类的生存与发展来考虑。为了人类的生存与发展的小恶就是无所谓的，这种小恶实际上是善行。反之，有时从小善出发却会演变成毁灭人类的大恶。书中的姜元善在星际竞争中从人类的生存与发展出发，绑架了救他的"上帝"，看来是忘恩负义的恶行，但却使人类可以战胜外星人，向外星扩张，拯救人类。他的夫人严小晨制止了姜元善的这个行为，看来是惩恶扬善，实际上却使外星人可以入侵，害了人类。这也促使我们对习惯意义上的善恶标准进行反思。

《类人》系列中的《豹人》，说的是用基因工程来改良人类的故事。《豹人》中把猎豹的基因移到人身上，制造出了能突破人类百米纪录极限的豹人。但豹人也有了猎豹的野性，咬死了他所爱的姑娘。这本小说提出了一个伦理学上极为严肃的问题，即能不能用基因工程来改造人，使人更优秀。这个问题已不是科幻了，是现实的问题。在克隆技术发展到今天时，克隆人、改造人恐怕已不是幻想了，但其结果难以预测。可能比人类更好（跑得更快），但也可能更坏（兽性加强）。所以，各国都通过了禁止克隆人的法令。但总有个把科学怪人会不顾法律与道德的约束来克隆人、改造人。这本小说也表现出这方面的担忧。

在其他作品中，王晋康还有许多极有见解的思想。我想在有趣的阅读中思考这些问题，就不只是幻想了。

在当代中国科幻界，与王晋康齐名、在年青一代中影响甚至超过王晋康的就是刘慈欣了。如果说王晋康属于智力超群，那么，刘慈欣就是超天才了。刘慈欣的小说，我只读过《微纪元》和《三体》(3册)，说来读得太少，不过仅就《三体》，尤其是《三体》(Ⅱ、Ⅲ)，已可以看出刘慈欣的天才之处。其幻想之大胆、之色彩斑斓，内容之丰富，震惊了我。我看过的科幻小说并不多，但就我的科幻阅读史而言，这本书的确无出其右者。丰富的幻想使我没法一气看下去，往往要看一段停下来思考一下，再往下看，否则就我的智力水平而言，会越看越糊涂。

在《三体》中我认为最有意义的是"宇宙社会学"的两条公理："第一，生存是文明的需要；第二，文明不断增长和扩张，但宇宙中的物质总是保持不变。"我觉得，由此又可以得出两个推论：其一，无论在地球上，还是宇宙中，斗争、战争是永恒的，和平、团结是短暂的；其二，人类自身内部也好，与外星球也好，信任是相对的，不信任是绝对的。没有和谐宇宙，也没有和谐地球，所以，无论在地球上，还是宇宙中，起根本作用的还是丛林法则。这是由生物的基因决定的。一切生物（动植物和外星球生物）的基因是要生存与发展的，否则这个物种早就消亡了。由此出发就形成生物的利己性。刘慈欣的整个幻想正是建立在这两条公理及我的推论之上。为了生存与发展，生物都要争取有限的资源，这就决定了它们之间的斗争。刘慈欣的科幻小说正是要说明这两条公理，这也正是他的深刻之处。乌托邦之所以不能成功也在于违背了这两条公理，就人类社会而言，就是违背了人性。人性的本质是恶的，各种法律、道德都是为了校正人性的恶。但恶是消灭不了的，这就决定了种种校正都只有一定限度的作用，而不能消灭人性的恶。"宇宙社会学"就是人类社会学，其他星球上无论是什么物种，与地球的各种生物及人类是相同的。这就是人类社会学可以扩大为宇宙社会学的原因。从这一点出发来幻想，无论多复杂，都有现实性。其实无论是早期的阿西莫夫还是今天的王晋康、刘慈欣，在他们的科幻小说中都体现了这一点，所以，这类作品也才有意义，受到欢迎。讲人类相互之爱的乌托邦，讲得越动人，越具体，越没意义。而且，当乌托邦从理想变为现实时，就给人类带来了科幻中那样的灭顶之灾。现实是残酷的，我们必须面对现实。我们所能做的，不是消灭人利己的本性，而是在每一个时期中，如何限制这种恶的本性。科幻中讲的这一切，对现实何其有意义。

由于为生存与发展的活动占时间不少，加之我天性又懒，许多有名作家的科幻都没有读过，但仅仅在科幻的海边上走了几步，就拾到了这些有意义的石子。看来人人都应该读点科幻，无论多还是少。

（刘慈欣：《三体》，重庆出版社，2008年）

从《灵剑》看邪教

我总觉得奇怪的是，中国这块大地上怎么如此盛产邪教。以前就不用说了，从新中国刚成立时的"一贯道"到现在的"法轮功"，没完没了。最近读了郑丰的《灵剑》，受到了一点启发。

郑丰是陈宇慧的笔名。买这套书既有对武侠的痴迷，又有对陈氏家族的好奇。陈宇慧是曾任台湾副总统的陈诚先生的孙女，她的父亲陈履安被称为台湾"四公子"之一，能被评为"公子"，不仅家族要有社会地位，而且本人亦须才华横溢。对这样家庭出来的女孩我自然好奇。她原来是在麻省理工学院读书的，学的应该是金融之类，毕业后曾在香港投资银行任职13年。受父亲的影响，她热爱金庸的小说。现在索性退职专门从事武侠小说创作。曾获"红袖添香"原创文学网、MSN中国、中华书局（香港）联合举办的全球华文新武侠小说大赛的最高奖"中华武魂"的桂冠。她的第一部小说《天观双侠》被称为"大气磅礴内蕴深厚，深得金庸以来武侠小说之精髓"。《灵剑》是她的第二部，但写的事情是在《天观双侠》之前，可以看作《天观双侠》的前传。读了她的小说，觉得还不错，但能不能称为"小金庸"，与金庸平起平坐，甚至超过金庸，还要看以后。在我看来，到目前为止金庸这座高峰还没有人能超过，甚至达到也谈不上。

　　武侠小说的主线多是正教与邪教的冲突和斗争，最后当然以"正义战胜邪恶"而告终。《灵剑》的作者说："原先动笔的一个驱动力，是想写关于'邪教'的内情。"《灵剑》中的正教是以凌霄和燕龙为首的龙帮，而邪教是以段独圣为首的火教。他们之间的斗争过程，大家还是去看原著，我感兴趣的是邪教既然邪，为什么还能发展到声势如此浩大，甚至使许多号称正教的人士臣服？

邪教就是满嘴讲仁义道德，救人于苦难之中，实现大同世界，而实际上是用暴力手段实现教主统治天下的野心。段独圣说："我的使命便是要引导世人断除贪嗔痴慢疑，早登慧觉""火教的最高境界，便是随我同登圣火天界，归证清净宝殿"，实则是借邪教控制群众，自己享受腐化的生活，并企图一统天下，取皇帝而代之。所有的邪教形式上不同，实质上是一样的。但它为什么能在明代中国这块大地上盛行呢？中国人特别容易接受邪教，或者说容易上邪教的当，缘于两个社会基础。

一是中国教育落后，人民文化素质低，易于接受那些貌似美好的说教。教育落后固然与经济水平相关，但更重要的是历代独裁者采取了愚民政策，不想让人民受教育。愚民才好统治。有了文化，知道什么是鹿，什么是马，统治者如何指鹿为马？愚民是任何一个专制政权的基础。少数统治者垄断了文化，才能欺骗人民。明代时的中国也是一个由少数劳心者统治多数没有文化的劳力者的地方。在这样的国度里，邪教就有了自己的社会基础。《灵剑》中的火教正是在这个基础上发展壮大的。

二是中国人没有宗教信仰。思想这块阵地，正确的宗教不去占领，邪恶的宗教就会乘虚而入。我总觉得，中国历史上没有形成基督教、天主教、佛教这样引人向善、全民信仰的宗教，是一个悲剧，是中国历史发展不可弥补的缺失。这种宗教的缺失，就为邪教盛行提供了条件，也使一些人的行为失去了道德底线。在明代尽管也有各种宗教，但没有一种全民信仰的国教。而且，中国一直没有形成这种国教。这样，各教派也无法团结起来对抗邪教。

当现实社会不能让人民幸福生活时，人民就会有一种改变现实的愿望，邪教说的那一套"大同世界"乌托邦，自然就有吸引力。应该承认，所有邪教在宣传自己的教义方面都是十分成功的。他们能把自己邪恶的野心隐藏在各种美丽的词语之下，让众多不明真相的人跟他们走，成为他们的帮凶。

仅仅是宣传还不能形成并维持一种强大的邪教势力。在他们实现控制的过程中，关键是组织体系和暴力。《灵剑》中的火教就是一个严密的组织，有分层组织机构，一层领导一层，最后由教主控制。通过这种严密的组织体系控制民众，即使有人明白上当，也无法离开了。所有邪教都是一旦受骗加入，就无法摆脱。加入了邪教的人就不得不为虎作伥。对于不信邪教的人，邪教则用暴力来征服。《灵剑》中各个武侠帮派的人也不信火教，但在火教的暴力征服之下，不得不臣服了，而且还帮助火教去征服其他帮派。说到底，维护邪教的最终还是暴力。像凌霄那样无论忍受多大苦难也不臣服火教的人毕竟是极少数。对一般人而言，臣服了火教可以保自身安全，甚至还可以荣华富贵；不臣服则要受尽磨难，甚至失去生命，有多少人不选择臣服呢？即使知道邪教不能长久，但为了眼前的活命，也只有做出臣服的选择。邪教的成功最终靠的还是有组织的暴力。

邪教靠对美好社会的宣传让无数无知的人为他们流血甚至送命，但最终实现的"美好社会"并不是人民的美好社会，而是邪教教主及领导团伙的"美好社会"。他们过去一无所有，现在可以为所欲为。人民只是从一个火坑跳进另一个灾难更多的火坑。如果《灵剑》中的火教，最后的阴谋成功了，段独圣取代了明朝的正德皇帝，结果就只能如此。邪教以救天下的宣传开始，以得天下为目的。得天下，无非是个人利益最大化。其他武侠小说中也写了邪教，目的无非是一统江湖而已。但《灵剑》中的火教却是要一统天下的。

武侠小说写的是江湖争斗，要表现的仍然是人性的善与恶。邪教是人性恶的表现，正教则是人性善的表现。武侠小说要教导人们的是惩恶扬善。作者抓住了这个思路，写出了一个曲折的故事，塑造了一个个有血有肉的人物。陈宇慧在这个基础上继续写下去，一定会达到并超过金庸，毕竟她还相当年轻。

（郑丰：《灵剑》，江苏人民出版社，2010年）

从汽车看经济学

当你开着一辆心爱的汽车飞奔在高速公路上时，你会想到这辆车的性能、灵活度及舒适度，也会想到路边如画的风景，但你想过蕴含在这辆车中的经济学吗？

也许许多人并没有想过，但有人想到了，这就是美国经济学家斯蒂格利茨。在他写的《经济学》教科书中，第一章的标题就是"汽车与经济学"。他用人们所熟悉的汽车告诉我们："从经济学的眼光来考察它时，即可以教给我们许多经济学的思考方法。"他从汽车简史、美国汽车工业的危机、政府的救助以保护本国工业免与外国竞争、美国汽车工业的新生以及统计学上的汽车史这些汽车工业的事实，来说明经济学研究的对象和方法，引导你从汽车进入经济学。

不过在斯蒂格利茨的《经济学》中，汽车仅仅是一个引子，并没有围绕汽车来介绍经济学的基本内容，但在南辰和王飞两位先生的《汽车经济学》中则是以汽车为中心来介绍经济学的。南辰先生从2000年开始就关注汽车工业，并从2003年开始担任新华社国内部服务新闻专线汽车栏目主持人，对汽车行业极为熟悉，曾在2007年出版了《汽车社会》，2011年出版了《汽车家庭》。我读过《汽车社会》，感到南先生对汽车行业的各种情况真是极为熟悉。这本书给我留下了深刻的印象，我在上课时也经常用他讲的汽车工业的案例来说明经济学的道理。在我心目中，南先生是当之无愧的汽车行业专家，而且从书中看出，他对经济学也是内行。现在他与经济学博士王飞先生合作写出了用汽车讲经济学的《汽车经济学》，读后令人耳目一新。

《汽车经济学》是从汽车看经济学，也就是以汽车为唯一的案例来介绍经济学的基本内容。它是一本介绍经济学的书，但又不同于一般经济学教科书，其特点在于以汽车为案例，围绕汽车来讲经济学，这就使读者既了解了汽车工业，又掌握了经济学的基本内容。读起来更有兴趣,而且做到了一石二鸟。

作为一本介绍经济学的书,这本书的内容相当全面。全书共七章,从汽车的需求(第一章"从需求开始的故事"),讲到生产汽车的企业(第二章"厂商的故事"),然后进入汽车交易的市场(第三章"市场的逻辑")。这属于汽车的微观经济学。从汽车的供求又进入汽车产业分析(第四章"我们需要什么样的汽车产业"),这属于汽车的产业经济学。此后跳出汽车本身分析汽车的外部性以及汽车的环境经济学(第五章"'公地悲剧'与解决之道"和第六章"汽车经济学与环境保护"),这就分析了发展汽车产业中的种种问题及解决之道。最后超越经济学来分析汽车所涉及的法律、道德、文化等问题(第七章"超越经济学:经济学与法律、道德、伦理文化等"),这实际上已经是跨学科的分析,而这正是当前所流行的"经济学帝国主义"。通过一部汽车可以了解经济学的知识,当然这些内容并不是经济学全部原理,所以我们说这本书并不是一本标准的经济学教科书,但我觉得作者也不是要写一本以汽车为案例的经济学教科书,而是要介绍一些与汽车相关的经济学知识。从这个角度看,作者的目的达到了,而且内容相当全面、丰富。

通过汽车来讲经济学，还有一个优势，就是使经济学原理变得更为具体，更为深入，从而深化并丰富我们对经济学的理解。经济学教科书讲的是一般原理，普遍适用，但比较抽象，初学者不易理解和掌握，用这些原理直接去套每一种实际情况就容易引起误解。经济学教科书讲决定需求的因素总是价格、收入、时尚、预期。但对每一种具体商品的需求，每种因素所起的作用并不同，而且还有其他因素，有时这些因素甚至比上述四种基本因素还重要。因此，仅仅知道基本因素还不行，必须知道如何分析影响某一种商品的因素。作者在书中分析汽车需求的时候，不仅告诉了我们一般原理是什么，而且说明了如何把一般原理运用于具体分析。这样，我们对需求这个基本概念的认识，就从一般进入个别，从抽象进入具体，对这个基本概念的认识与理解深化了，也丰富了；举一反三，就可以运用于分析其他需要解决的问题。美国经济学家弗里德曼认为，经济学原理其实就几条，但难在如何运用。《汽车经济学》不仅告诉了你经济学原理是什么，更重要的是告诉你如何去用。整本书都贯彻了这种精神，从而使我们不仅能学到经济学原理，还可以学到如何去用。经济学是一门学以致用的科学，学原理仅仅是入门，知道如何用才是掌握了核心。

围绕汽车说经济学，可以学习经济学，也可以从经济学来认识汽车。这些年，我国的汽车工业发展迅速，年产销量已成为世界第一，人均汽车拥有量已进入世界先进国家行列。但对汽车产业的发展争议也极大。作为一个现代社会公民，对这些问题不可能不关注。汽车给我们的出行带来极大方便，也拉动了经济发展，但汽车业的发展也引起交通堵塞、环境污染。如何发展汽车工业，解决汽车工业带来的各种问题，已引起越来越多人的关注。我们看待这些问题不能仅仅从现象和情感出发，应该有理论分析。这样的认识才有深度，也才有意义。《汽车经济学》这本书为我们正确认识汽车问题提供了一个分析的基础和可运用的工具。比如，如何看待汽车行业的产能过剩，能否用"庇古税"解决汽车的外部性，政府应如何管制汽车产业，如何解决汽车污染，等等，作者都进行了深入的分析，并提出了自己的见解。他们的见解也许你并不完全同意，甚至完全不同意，但他们用经济学方法对这些问题所进行的分析，可以作为我们认识这些问题，并提出自己见解的出发点。任何一种见解都应该有理论基础，你可以不同意他们得出的结论，但不能否认他们分析问题的方法。

一本好书并不是给我们现成的答案，而是给我们分析问题的一个理论基础和分析方法。从这种意义上说，这是一本好书，值得每一个爱汽车又爱经济学，且喜欢思考问题的人去认真读。

（南辰、王飞：《汽车经济学》，山东人民出版社，2014年）

一本引导你思维的书

2005年,经济学家斯蒂夫·列维特和新闻记者斯蒂夫·都伯纳合写了《魔鬼经济学》。这本书引起广大读者的极大兴趣,当年即在全美经管类畅销书中排名第一。但也引起了几乎所有主流犯罪学家、伦理学家和经济学家的反对。面对媒体上的抨击、嘲弄,甚至诬蔑和谩骂,他们并不低头,而且觉得许多话还没有说完,于是又写了《超爆魔鬼经济学》[1]。

---

[1] 中信出版社,2010年。

"魔鬼"之后再"超爆",是对反对者的挑战,表明了作者"魔鬼"到底的决心。

作者在《超爆魔鬼经济学》的"写在前面"一节中为我们读这本书提供了启示。他们承认在《魔鬼经济学》中撒了两次谎。第一次是说这本书没有主题。其实主题是有的,只是为了避免与出版商的争执而这样写。主题就是"刺激之下,人们会做出反应,尽管反应方式并不一定是能预见到的,或是一目了然的。正因为如此,非预期后果法则(law of unintended consequences)才成为世界上最具影响力的法则之一"。《超爆魔鬼经济学》则是继续了这个主题。因此,这本书仍然与上一本一样是引导你如何用经济学的刺激—反应模式来透过形形色色的现象看到事物的本质。从这种意义上说,它可以引导你思考,提高你分析认识各种现象的能力。第二个"谎言"是说"在书中揭示隐藏在表象之下的世间万物的真相"。其实任何一本书都无法探讨"世间万物",这仅仅是一种夸张的说法。上一本书探讨了一些事物,这一本书又继续探讨了另一些事物,但还不是"万物",仅仅是多了一些物。这表明这本书实际上是上一本书的继续或延伸,称为《魔鬼经济学Ⅱ》亦无不可。所以,读这本书时,找来上一本看看会是很有趣的。不过这两本书并不像小说的上下册那样有不可分的连续性，分开读，或者只读这一本不读那一本，也会同样有收益。读了作者对世间某些事物的分析，你也可以用这种方法去看"世间万物"。用经济学分析各种现象的道理是相同的。

《魔鬼经济学》这本书虽说不是涵盖"万物"，但所涉及的人和事的范围也相当广泛，从街头的妓女到恐怖分子，从人们对犯罪的冷漠到利他主义的捐赠，从孕妇的安全到汽车安全带，从飓风到全球变暖。作者对这些问题的分析仍然用的是经济学的思维方式。不过如果是用教科书式的语言给你讲，你也许理解不了，或者印象不深，甚至学过就忘。但当作者把思维方式融入这些事件时，你就会有深刻的印象，不仅难以忘记，而且也会自觉或不自觉地运用。我想，这就是这本《魔鬼经济学》成为畅销书，而其后的《超爆魔鬼经济学》又引人入胜的原因。

经济学讲供求法则，这是最简单不过的了，但又是最关键的。无怪乎经济学大师萨缪尔森都说，鹦鹉学会了需求供给这两个词，就成经济学家了。但这最简单的道理也极容易被遗忘。许多人指责房价高往往从道德层面或收入水平出发，却忘了供求关系。作者在第一章中用妓女这种现象说明了供求关系的作用。在美国，卖淫也是非法的。非法还存在就在于有需求（"自远古以来，男人总是不满足于免费性爱，他们还要更多"），有人愿意出钱。一些女性做妓女能得到高于正常工资的收入，这就形成供给，于是供求相遇就有了这个市场。而且，更多的妓女并不是被迫的，而是自愿的。在这个市场上"薪水的多寡在很大程度上是由供求法则决定的，而这个法则往往比立法机构所出台的法律更有效"。作者还用供求法则解释了"妓女的收入越来越少"并不是需求少了，而是供给有了竞争——由于性解放，"愿意与男人免费发生性行为的女人越来越多"。"一星期中的哪天挣得最多？"周五最忙，但周六的收入比周五高20%左右，这是因为"周六的客户一般会选择价格更高的性服务"——还在需求。作者还分析了为什么会有"皮条客"，并将之与房地产经纪人相比较。这些分析表明供求法则适用于世间万物。

当然，供求法则是分析世间万物的基本工具，但绝不是唯一工具。经济学本身不等于供求关系，萨缪尔森的说法其实只是开个玩笑。它只说明供求法则在经济学中的重要性，并不是唯一性。而且，分析世间万物，也不能光靠经济学，还要靠社会学、政治学、心理学等其他科学。各学科有自己特定的研究对象与方法，但它们之间又是相关的。经济学与这些学科都有交叉关系，作者在第二章中分析各种现象时，涉及的学科也是极为广泛的。例如，他们分析了天才与成就的关系，恐怖分子与家庭的关系，最出色的医生和最差劲的医生的差别，恐怖分子账户的特点，如何判别恐怖分子。这些就不是供求法则所能解决的。

　　作者的分析看似冰冷，其实还是关心人性的。在第三章中作者举出了一个妇女受害而另外三十多人冷漠对待的事件和许多利他主义的捐赠事例。这两种相反的行为反映了人性的两面，说明了"人类的表现并没有想象中的那样崇高，但也没有那么邪恶"。我想，这才是领悟经济学和其他科学的核心，也是理解各种矛盾的、错综复杂的现象的根本。我们过去习惯于用英雄人物的行为来否认人性利己的论断，但现实中许多丑恶的行为又让我们困惑。这种人性的两面性的论述有助于我们在困惑中找到一条正确的认识事物之路。

　　在第四章中，作者告诉我们一个重要的结论，不一样的事情，往往有一样的逻辑，而且"看来毫无头绪的大难题，其解决方案竟如此令人称奇"。例如，过去产妇死亡和瘟疫的传播，往往让人困惑不已，但塞梅尔斯大夫却找到了一种简单的解决方法——用含氯水消毒双手。这就告诉我们，许多复杂的问题其实可以用简单的方法解决。这种思路不仅可用于医疗，也可以用于许多问题。

第六章探讨全球变暖问题。作者认为减少二氧化碳排放并不现实，所以，他们提出了用屁中没有甲烷的袋鼠来代替猪、牛，或者用29公里长的管子把二氧化硫排到同温层。这些方法也许与减少二氧化碳一样不现实，但它对我们的启发是，找到可行的替代方法，全球变暖就可以解决。这种方法还需要我们共同探讨。

作者的思维是发散式的，往往从一个问题联想到另一个问题。例如，论述三十多人看着犯罪分子侵犯一个妇女而表现出的冷漠时，就联系到电视与犯罪的关系。这样的发散式思维方法，也许我们还不习惯，但的确有利于打开思路，深化分析。只要认真读下去，你的思考水平肯定会有所提高。

（斯蒂夫·列维特、斯蒂夫·都伯纳：《魔鬼经济学》，刘祥亚译，广东经济出版社，2006年；《魔鬼经济学》1—4，中信出版集团，2016年）

莫为己讳

记得近 20 年前在美国学习时，曾读过一本名为《黄祸》的预言小说，20 年过去了，大致故事情节依然记得。那本书对未来中国的假想极为恐怖，看得我心惊肉跳。好在以后的发展并未让那恐怖的假说成为现实。不过那本书中有一个设想，我极为赞同：人死后不要留骨灰之类，而是留下每个人写的一生回忆。让后人看看前人的回忆录，比祭奠亡灵要有意义多了。

其实这种设想已经部分实现了。当下不尽长江滚滚来的大人物回忆录，不就是作者所希望的吗？当然，写回忆录能出版且让我们读到的，都不是凡夫俗子。小说作者强调的，也不是这一类回忆录，而是普通人对自己一生如实的记录。这一类回忆录看多了，又有一个担心。几乎每个人写回忆录，都只讲自己如何"过五关斩六将"，"败走麦城"则很少去提。初看时对这些伟人崇拜至极，看多了，就生出了疑问：难道每个人都如此辉煌、伟大吗？如果真的如此，历史为何有如此多的曲折？如果这样来写历史，不就都成了伪史吗？不也就像胡适所说的，历史成了任人打扮的女孩子了吗？

一个明显的例子，是"文革"的历史。几乎所有人都以受害者的形象出现。"文革"的发生固然有许多原因，也的确导致了许多冤假错案。但也应该承认，"左派"们能利用群众打倒干部，部分原因还在于"文革"前的体制导致的干群对立。一些干部因袭极"左"思维伤害了不少好人，甚至把自己仇视的人置于死地。一些受害者则利用"文革"造反的机会报复。报复固然不对，但被报复者当年整人难道就对吗？但绝少见到哪个"文革"受害者讲自己当年整人的事。我总觉得，中国发生"文革"，应该全民忏悔。红卫兵害人应该忏悔，受害者也应该忏悔。只有全民忏悔，反思"文革"的起因，才能避免这种人间悲剧重现。光谈自己如何受害，不说为什么，这种回忆，至少不够完全。

我产生这种想法，还是因为何炳棣先生那本《读史阅世六十年》。何先生在2012年去世，有许多回忆他的文章，这本书也再版了。这本书2005年首次出版时我就买来读了。何先生是史学大家，他治学的严谨、勤奋以及成就之卓著，我都极为敬佩。但我对何先生上世纪70年代初返国后吹捧"文革"的文章，印象极深。所以，拿到这本书后，我最想看的，是这一段回忆。如果他对这一段历史有翔实的记载，并深刻反思，我会更敬佩他的人品。人非圣贤，孰能无过？问题在于是否悔过。但读完此书之后，我极为失望，作为一位历史学家，何先生回避了这段历史，甚至想把它抹去。

何先生在序言中说："本书主旨是把本人一生，在国内，在海外，每一阶段的学思历程都原原本本，坦承无忌，不亢不卑地忆述出来，而且还不时作些严肃的自我检讨。我相信，唯有如此做法，此书才可望成为学术史及教育史等方面具有参考价值的著作。"本书的其他部分我没有去考证，但起码关于1970年代返国的回忆，是没有兑现序言中的承诺的。

1971年，中国的"文革"如火如荼，这种自我制造动乱的行为，已遭到国内外的广泛反对。国际上，中国形象受到严重破坏，甚至许多左翼人士对此也不敢苟同。当权者为了挽回颜面，邀请部分海外著名华裔学者组团回国观光，何先生亦在其中。结束访问后，何先生写了一些文章，还发表演说，盛赞"文革"。其中最著名的，是1974年发表于香港《七十年代》的长文《从历史的尺度看新中国的特色与成就》，全文两万余字，由《参考消息》分五次连载，在当年海内外影响相当大。

在这篇文章中，何先生从商周一直讲到"文革"，论证这是中国历史上最伟大的时期。在理论上，他从斯密、边沁一直讲到罗尔斯，来论证新中国尤其是"文革"之伟大。他说："中国共产革命的理论动力虽是引进的共产主义，但革命的领导，自1927年至今四十六年来，不断地以理论与实践互相印证，不断地就国内外情势因时因地制定决策，将一个引进主义逐步变成了一个适合国情的革命建国纲领。在这个新的革命建国纲领下，特别是经过了'文革'，中国人民才第一次变成了国家的真正主人。"在他的笔下，中国已经完全实现了人民当家做主的民主，中国经济繁荣，人民生活幸福，文化水平提高，真正成为"初步繁荣的社会主义国家，成就不可谓不大"。这真正是历史上从未有过的"人类史上崭新一页"。[1]

在今天看来,这篇文章的荒谬是显而易见的。何先生是如何对待他的这一段历史的呢?他还坚持"有史实与感情",无非"只看到表面,未能探索新气象底层真正的动机"。在他看来,他写的繁荣、民主现实,不是自己捏造历史,无非没有探索"底层真正的动机"罢了。他还强调自己对祖国有"感情"。当年还是四人帮践踏中国之时,他的爱国,是爱的这个祖国和人民吗?当时人民还在受难,他爱的,显然是付费请他回国旅游、奉他为上宾的四人帮当权者。这种"史实"和"感情"现在还值得去提它吗?

在"文革"中,中国的知识分子饱经磨难,许多何先生念念不忘的师友都在死亡线上挣扎,甚至被直接迫害致死。这些事情,当年海外报刊多有披露,何先生应该不会不知道,尤其他在回忆录中提到的师友众多,他应该是关注他们的命运的。但面对这些师友的痛苦,何先生却赞扬四人帮兴风作浪时期的中国民主、繁荣,这岂不是违背了史学家最起码的良知?

如果何先生一直支持、拥护共产党,甚至甘为海外御用

---

[1] 转引自雷颐:《读史阅世何炳棣》,《读书》2012年第8期。

文人，这样说也不为过。但从回忆录来看，并不是这样。西安事变发生后，在全国人民抗日呼声极高的情况下，他反对中共地下组织民先队的抗日活动，反对民先队组织的学生运动，主张复课并解散这些组织。抗战结束后，西南联大的反蒋运动，他也未参与。我认为，在日寇入侵、民族罹难的情况下，中共在清华的民先队要求抗日是完全正当的。何先生反对这些抗日活动，其爱国心何在？我不是要给何先生扣帽子，但起码可以看出他对作为中共及支持者的左翼学生是不赞成的，绝不是中共的盟友。抗日时不支持中共，而在四人帮当权的极"左"时期，却充当当权者的吹鼓手，这种转变是如何发生的呢？仅仅以爱国来解释，是不够的。

当然，许多海外华人都吹捧过"文革"，这并不算什么大不了的事。问题在于，作为一个海内外都有影响的史学大家，何先生究竟应该如何对待这件事。如果何先生能认真总结这个失误，在回忆录中将犯下错误的来龙去脉、原委先后讲清楚，他仍不失为一个伟大的学者——"伟大"不是事事正确，而是错了知道反思。这一点错误，无损于他的光辉形象。但何先生在回忆录中的态度，并不如我们所希望的那样。

在回忆录第十九章第二小节"新中国的号召"中，何先生仅用不到三页的篇幅记载了他人生历程中重要的一段,而且绝大部分是讲过程,讲组团经过,讲与毛泽东握手,问起给尼克松总统写信,讲1977年全美华人协会筹建等,并没有讲他自己大陆之行的所见所闻所感,以及那些吹捧"文革"的文章与演讲稿的写作背景。真正涉及这些的内容,仅有一小段,两百来字。这两百来字中,还坚持自己写这篇文章是有"史实与感情"的。也就是说,他并不是瞎写的,而是由于爱国情怀,真正检讨的只有一句"未能探索新气象底层真正的动机",而且他还企图抹杀这一段历史:"同样愿意忘掉的是70年代和80年代初所撰写的有关中国资源和经济前景的一系列文章。"看来,让何先生念念不忘的光辉历史是要大谈特谈的,而他做的错事,最好彻底忘掉,从历史上一笔抹去,这是历史学家对待历史的态度吗?

我讲这一段历史,并不是要否定何先生,在我看来,何先生不愧为中国一代史学大家,他的著作对后世的影响不容否定。读了何先生的著作,我也受到许多启发,比如他关于徽商的论述,证明了徽商的生活腐化与官商勾结的需要相关,这就对我极有启发。他的治学态度也是值得后人学习的。"文革"中的这点失误,无非白璧微瑕。如果自己把错误认真当回事,别人就不去注意"微瑕"了;如果自己竭力掩盖

"微瑕",别人就会想方设法把"微瑕"看个清楚。这点道理,相信何先生也是明白的,但就是没做到。

我之所以关注这件事,就在于在华人学者中,这绝不是个别现象,可以说,几乎所有华人写回忆录都是这种风格。为伟人作传者,也常常是这个路数,甚至你讲了某人祖上(不知是多少代,也不知真假)的缺点,即便是铁板钉钉的事实,其后人也要没完没了地讨个说法,甚至向法院起诉。尊者为己讳,旁人又为尊者讳。这种风习延续下去,我们还有真历史可言吗?当然,这为后人考证回忆录及传记的真伪提供了机会,促进了就业,大学也可开设相关课程。但这不是资源浪费吗?

何先生已经仙逝,他再也没有改正的机会了。但愿以后这样的回忆录和传记能尽量少一点。

(何炳棣:《读史阅世六十年》,广西师范大学出版社,2005年)

我们需要全民忏悔

见到《上海书评》上贺越明先生批评我苛责何炳棣先生的文章，非常高兴。一是我的这篇小文章有人读，有人想，这令我极高兴。文章写出来最怕没人看，没人问，像废纸一样，这是以沉默杀之。有人看了，且提出不同意见就是好事。二是批评比赞扬好。赞扬多了，无非使自己飘飘然，而批评可以让我进一步思考。批评何先生的人不少，谢泳、雷颐写的文章宽容多了，但我不够宽容，这是我的不对。已70岁了，还像愤青一样，看来还要多培养老人应有的宽容与从容。无论我有生之年还有多少时间,这对我以后的人生颇有帮助。

不过,我不完全认同贺先生的观点。我之所以用尖锐的语言批评何先生,并不是仅仅指责何先生,而是为我们这个民族不知忏悔而担忧,所批评的还是我在文章一开始所说的,写回忆录只写过五关斩六将不写走麦城。不少人写"文革"只讲自己如何受苦受难,不讲自己做过什么错事,似乎"文革"就是"四人帮"和红卫兵造反派的罪,自己是受害者,而没有想一想自己为什么受害,有什么责任。

在最新一期[1]《温故》上读到一篇陈仁德先生的《"牛尾巴"事件》,很有感触。文章讲的是1957年四川忠县某地一头牛,尾巴受伤,伤口只比一粒米大一点,区委书记认为是"反革命事件",让检察院干部任玉坤去处理。任认为不是什么大事,够不上"反革命事件",没去处理,而且在县三级干部会上讲了自己的看法,结果被县委书记、地委书记指责为包庇阶级敌人、关心地富子弟,尽管任在"反右"中没有任何过激言论,仍被打为右派,取消预备党员资格,降级、批斗、劳改,甚至《人民日报》也写评论把阶级敌人割牛尾

---

[1] 第二十四期。

巴作为一件大事。后来,"文革"中当事的县委书记、地委书记都受迫害而死。这两个干部受害有没有自身的原因?历次运动许多人受迫害当然来自于极"左"的思想和政策,但各级干部层层加码左上更左,岂不正是"文革"的根源?解放以来倡导斗争哲学,结果是A迫害B,B迫害C,C迫害D,最后D又迫害A、B、C。D也许是受过A、B、C迫害的人,也许是受A、B、C的教导而为。D固然不对,但A、B、C没有罪过吗? A、B、C只讲自己受害,不讲自己如何迫害别人,这是总结历史的方法吗?

中共十一届六中全会全面总结了"文革"的深刻教训,但仍有不少人对"文革"缺乏认识,甚至不知道,这才有查韦斯式人物出现,且在个别地方极少数人中很受欢迎。"文革"不仅是"四人帮"和"红卫兵造反派"的罪过,也是几千年中国专制制度和文化积累所致,是新中国成立前后极"左"思潮泛滥的结果。我们每个人,无论是"文革"的"造反派"还是受害者,都应该忏悔。忏悔是为了提高我们整个民族对"文革"的认识,从而不再出现这种民族的灾难。

"文革"中之所以上面一号召,下面就对广大干部和其他人大打出手,原因之一还在于"文革"前就存在的干群矛盾。群众总认为"老和尚的经是好的,被小和尚念歪了"。因此,对他们历次运动中所受的苦难，没有从根本上追究其制度文化根源，而是把仇恨发泄到具体执行这些政策、思想的广大干部身上。因此，一旦上面给这些干部加上"走资派"或"叛徒"的帽子，这些干部就在劫难逃了。每一个受迫害的干部都应该想一想，我为极"左"路线做了什么？极"左"思想演变为一场灾难，没有广大干部的配合，仅有几个人能行吗？现在红卫兵抱怨自己年幼无知上当受骗，老干部满肚子苦水，谁也不反思自己的罪过，这能从"文革"中吸取教训吗？向前看是重要的，但不向后看，向前就会走错路。记住列宁的话，忘记过去就意味着背叛。忏悔就是记住过去，记住历史。

"文革"中"红卫兵造反派"迫害人的手段极端残酷，但"文革"前一些老干部整人的手段也不仁慈。其根源在于中国传统文化中缺乏人道主义、人权这些东西。国学家善于争辩，说什么儒家学说中包括了人文精神、尊重人性，但儒家这些冠冕堂皇的话在中国历史上什么时候被实践过？木心先生在《文学回忆录》中说，儒家的观点是"伪"，他们说的好事是自己不愿做，也不会做的。此语的确深刻。我想加一句就是，儒家的粉丝也大体如此。新中国成立前后的极"左"思想实际上继承并发扬了这种文化，所以，无论

A整B，还是B整C，C整D，D整A、B、C，都是如此。《"牛尾巴"事件》中，县委书记、地委书记整任玉坤，后来的造反派整这两位书记，不都是如此吗？哪一个有一点"仁慈之心"？中华民族面临着丧失人道主义的危机，我们的干部、我们的知识分子有没有责任？人道主义没有了，所以整人也就残酷了，红卫兵如此，当年某些干部整群众又何尝不是如此？干部受迫害，自己有没有责任？上面一号召斗"走资派"，造反派就拿出了某些干部整人的传统武器，罪仅仅在造反派吗？有多少干部在"文革"后反思了这一点？对"文革"，每个人都要忏悔，别说自己"毕竟是书生"，也别说自己"年幼无知"，更别说自己过去整人是"为了解放全人类"。如果我们的民族没有这种忏悔精神，我们如何能从"文革"的灾难中吸取教训，再不重现"文革"？所以，我说需要忏悔。我批评何先生，就在于他在回忆中根本没有这点意思。他毕竟是杰出人物，是我们敬仰的人，他做了吹捧"文革"的事而不知忏悔，岂不人人都可以用种种理由不忏悔？当然，我的用词尖刻了一些，这是不对的，以后改正。

许多人喜欢大谈宽容。其实宽容不是无原则的，是有条件的。你的观点我不同意，但无论言之有理或无理都可以说，自己也认真听，这是宽容。你做了错事，自己忏悔了，我"一笑泯恩仇",这是宽容。但你拒不认错,拒绝忏悔,我还应该宽容吗?最近马立诚先生在《经济观察报》上发表文章,主张中国与日本学习法国和德国互相宽容和解。我对马先生是十分尊敬的,也可以说是马先生的朋友,他的许多著作我都颇爱读。但这篇文章的观点我无法接受。不是不同意中日和解,而是当日本某些极右势力拒不承认自己侵略的罪恶,且企图吞并我国的钓鱼岛,又毫不认错,一错再错时,我们如何能对日本宽容?别忘了法德和解是德国全民族认错并忏悔之后的事。在中日关系恶化且全由日本引起时号召中日学法德,要求我们宽容,没有道理。抽象讲宽容是没有意义的。我们不能被人打了右脸再把左脸送上,不能昨天被人侵略,今天又把钓鱼岛送上吧?毫无原则的宽容只是不分是非原则的老好人,不是房龙先生所提倡的宽容精神。这种无原则的宽容只能是纵容了坏人,害了好人。对于在"文革"中推波助澜的人,他不忏悔就应批评。何先生无论出于什么动机、什么原因,客观上是为"文革"推波助澜了,自己又不忏悔,批评一下有什么不可以?

何先生已经仙逝了,我不是要让他还阳再写长篇检讨书,也没有否定他的意思,只是想借此事倡导一下全民忏悔,对"文革"的忏悔,对历史上极"左"的忏悔。这才是一种有正气的民族精神。谁也不忏悔,来了"文革"再推波助澜,这个民族能进步吗?

不是批评贺先生,也不是为自己狡辩,只想把上篇文章没有挑明的意思再说明一下,全民忏悔并不是大家都要分摊"文革"与极"左"的罪过,只是一种精神的升华。

(《东方早报·上海书评》,2013年4月21日)

大处不可随便

"小处随便"是不关注细节,可以定性为粗枝大叶。那么,"大处随便"呢?恐怕就是歪曲历史了。但"大处随便"的事,在文艺作品中也屡见不鲜。

《红岩》是一本家喻户晓的革命小说。当年读《红岩》,年轻的我也曾热泪盈眶,至今认为这本小说弘扬了革命者坚定、顽强的革命信仰与精神,自然有现实意义。但书中有一个"大处"是不符合历史事实的,那就是把迫害革命者的罪行加在"中美合作所"身上。事实上,在抗战后迫害革命者的是军统，而与中美合作所无关系。

中美合作所又称"中美技术合作所"，是抗日期间中美双方为破译日军密电、共同抗日而建立的一个破译日本密码的机构。这个机构由中美双方共同领导，从未直接参与过军统镇压革命者的活动。这个机构对抗日作出了重大贡献。例如，美军在空中截杀山本五十六，密电就是这个机构破译的。现在的许多谍战小说，如最近流行的麦家的《风语》，就是以此为背景的。而且，这个机构在抗日战争胜利之前就解散了，美国人回美国，原来军统和中统的人回各自单位，原来无业的发给一笔补贴，自谋职业。这个机构在抗日时期坚守不参与中国内政，从未介入镇压中共之事，抗日后就不存在了，如何还能像《红岩》中所写的那样，抓捕、拷打、杀害江姐等革命者呢？这样写也许是20世纪60年代的冷战思维及反美需要决定的，但美国再坏，你也不能把没有的事情强加在人家头上。我们也不需要用捏造的事实教育青年一代。有年轻人读完《红岩》就问我，《红岩》中的中美合作所抗战后已不存在了，《红岩》这本书是不是完全编出来的？现在《红岩》的作者已去世，我们要不加个说明，这本书宣传的革命精神，年轻人在接受时，岂不要大打折扣？

还有一个"大处随便"的例子就是几乎每个中国人都看

过的京剧样板戏《沙家浜》。《沙家浜》弘扬了新四军艰苦卓绝的抗日精神，突出了军民的鱼水情，唱腔也甚优美。我也不认为否定"文革"就要否定《沙家浜》这样的样板戏。但《沙家浜》中有一个重要的"随便"的"大处"，那就是把"忠义救国军"定性为卖国投靠日本人的伪军。

我们从忠义救国军的来历讲起。1937年8月，戴笠从南京到上海，对杜月笙说，奉蒋介石之命，请杜出面组织上海民众协助国军抗日。杜在一个月内，组成了一万多人的"苏浙别动队"。蒋介石亲自颁发了"苏浙别动队"的番号，由戴笠任别动队委员会的书记长，杜的老友刘志陆担任总指挥。别动队分为五个支队和一个特务大队。第一支队主要为杜的门徒，第二、第三支队主要为上海各企业的工人，第四、第五支队主要为戴笠在京沪地区的部属和被招入特训班的学生。特务大队为警备司令部侦缉大队的原班人马。淞沪抗战期间，戴笠亲自坐镇指挥别动队配合正规部队作战。淞沪战争后，第一、第二支队转移浦东打游击，第三、第五支队化整为零进入法租界。戴笠命令军统特务处上海区长周伟龙率部分别动队员留在上海执行潜伏任务，另一部分则转往安徽祁门打游击，后改编为"忠义救国军"。从这段历史来看，忠义救国军是由国民党领导的一支抗日队伍，其组成多为青帮成员或其他阶层人员,这支队伍的抗日性质是不容否定的。这样的队伍也许在抗日期间与新四军有过摩擦、冲突,但绝不是剧中所说的伪军汉奸。如果按剧中的定性,那些忠义救国军的人流血作战,甚至付出了生命,岂不被作为汉奸,而且子孙后代永远作为汉奸的子孙?这对他们公正吗?这对历史公正吗?

《沙家浜》中这样写是当时的历史背景决定的。当时我们认为,只有中共是抗日的,而国民党与各种帮会组织都是不抗日只反共的。如今这种违背历史真相的说法已经被否定了。我们承认,国民党既抗日,又反共,但抗日战争中国共合作抗日是主流,国民党抗日也是主流,一些帮会团体,如杜月笙领导的青帮也是抗日的,甚至过去的土匪武装在那个时期也走上了抗日之路。国民党领导下的各种抗日队伍即便有帮会背景,也不应打入"汉奸"之列。忠义救国军定性为汉奸是冤案,应该彻底平反。但《沙家浜》影响太深了,要把这个案翻过来颇为不易。

"文革"前在极"左"思潮的影响下,我们形成了错误的历史观,由此而对许多历史真相有严重的歪曲。根据这种历史观所写成的各种文艺作品就难免"大处"失真。我们这一代人就从课本中、文艺作品中接受了不少错误的观念,至今未能完全改变过来。我对忠义救国军认识的改变是在最近读了一篇介绍军统的文章之后。但读这篇文章的能有多少人呢？好在近年来的文艺作品正在改变这种状况，《亮剑》就比较真实地反映了国民党在抗战中的两面性，且以抗日为主流的历史真实。许多谍战小说也表现了军统在抗日中的真实历史，我们正在一步步接近历史真相，这是时代的进步。

我觉得，小说虽然是文艺创作，但也要尊重基本历史事实。过去的作品，要改也不易，但可以通过书评等形式加以纠正。以后的作品一定要尊重历史的真实，不能为了某种目的而歪曲历史的真实。通过文艺作品向人民灌输正确的历史观是一项重要的任务，这就要求"大处不可随便"。作家只有把这个观念融入血液中，才能写出对得起人民、对得起历史的好作品。

偶遇《读库》，一见钟情

《读库》是什么时候创办的，我不知道。虽然在书店中见过，但也没有留意。去年底，看到许多报刊都称赞《读库》办得如何之好，于是决定先买一本，试看一下。

我最先买的一本是《读库》1106。开卷第一篇文章是寇延丁的《学开会》，尽管有50多页，但我一口气就看完了。看完后深感真是好文章。文章讲述了在安徽阜阳颍州区三合镇南塘村，杨云林和外来的大学生支农团队在"海归"袁天鹏的支持下，如何引导农民按"罗伯特议事规则"来作出决策。

罗伯特议事规则是一种决策程序，这个程序保证每个人的意见都可以得到表达，但最后由多数人决定。过去我也明白"民主是个好东西"，但对于如何实现民主并没有什么信心。总觉得民主对人民的觉悟和水平还是有一点要求的，否则像有些地方一样民选村长，威胁、利诱各种手段层出不穷，选出来的是大家族的族长、暴富一族或黑社会分子。这样的民主还不如不民主。我们的国民文化素质不高，封建统治的影响至深，真给他们民主，他们也不知如何用好民主。但这篇文章给了我巨大的冲击，其实民主不仅仅是民选，更是一种决策的程序。而这篇文章所涉及的罗伯特议事规则就属于这种程序。全文没有抽象的理论，只是讲如何做，遇到什么困难，如何解决。文章朴实无华，素面朝天，但内容极为吸引人，连我这样对政治素无兴趣的人，也被深深吸引。读完后，我又想到一个问题，不少人喜欢大谈特谈中国应该深化改革，但对于具体如何去做则说得不多。大家都知道，找理想的目标并不难，关键是在现实中国的条件下如何实现。这篇文章几乎没讲"应该"如何如何，只讲如何一步一步去实践。这样的文章太有意义了。

接下来一篇是洋人欧逸文（Evan Osnos）讲中国"愤青"的。从一个外国人的角度介绍了年轻的复旦大学研究生唐杰——一个典型的民族主义者。对这些被称为"愤青"的民族主义者，我了解并不多。但民族主义被马立诚先生概括为当代八大思潮之一，的确有值得重视之处。这篇文章并不是从一般意义上讲，而是讲了一个个例。从一滴水看太阳，从个例看一般，也许我们会更加接近真相。

再往后的马多思的《上海面孔》介绍了犹太人沈石蒂（Sioma Lifshitz）在上海所拍的老照片，图文并茂，我们又一次领略了老上海的风味。徐百柯的《教授们》介绍西南联大的一些知名教授。谭夏阳的《漫邮记：园林之美》介绍各种风景邮票的出版发行经过及特色。霍不思的《春秋亭的一霎时》介绍程派京剧名作《锁麟囊》，文章不长，但颇有趣，对我这样的京剧外行而言，有启蒙之作用。最后是苗炜编的《声音》，介绍2011年的一些重要人物的言论，反映了这一年的"喧哗与骚动"。

读完全书之后，觉得甚好，兴奋之中写下"读完之后觉得层次甚高，极好，有认真的学术与现实问题探讨，又有休闲的文字"。于是在网上购买了现有的2005—2011年全部及2012年第一期（1201）慢慢读来。这一段时间采用由近到远的倒读法，陆陆续续读完了2011年及2010年全部，已开始读2009年，仔细读了这些，又翻了翻前面的目录，觉得可以胡写了。

记得沈昌文先生在创办《读书》时立下的宏愿，办一本读书人可以躺着看的杂志。这就是要办一本让读书人可以休闲的杂志。在他任期内，这个愿望实现了，《读书》受到热捧，似乎开口不谈《读书》就非读书人了。可惜在后沈昌文时代，《读书》的传统丢掉了，连吴敬琏这样的大学者都说看不懂，遑论其他人？正襟危坐都看不下去，躺着不就成催眠药了？以后又有《万象》《老照片》《温故》《悦读》，各种《茶座》《书城》，等等，也各有特色，但总觉得还没有完全体现出沈昌文先生的意思。读了《读库》，觉得这才是沈昌文思想的全面体现，而且有了"创造性的发展"。

读书人可以"躺着看"的休闲读物是什么？不少读书人是专家，对自己的专业相当了解，但对其他方面的知识就不一定了解多少。读书人又希望自己的知识面更广一些。所以，读书人希望，休闲书的知识面广一些，五花八门、包罗万象。为读书人办的杂志就应该内容广泛，什么都有一点。比起过去的所有杂志，《读库》所包含的内容是极其广泛的，不必说政治、文化、文学、历史、社会、艺术等我们熟知的内容，更是包括了过去几乎所有杂志都容易忽略的内容。比如，写心外科手术的《外科之花的艰难绽放》（1102），写心脏移植手术的《百转千回换心路》(1104)，写中国芭蕾舞发展史的《中芭往事》(1004)，写儿童读物的《鲁兵和他的朋友们》和《毛毛儿童书信》(1004)、《老课本》(1001)、《图画书与儿童》(0906)，写邮票的、足球世界杯史的、科幻的、考古的，等等。可以说无一不全，满足了读书人知道更多事的需求。

《读库》不仅选题好，而且文章也写得好。不少类似杂志的文章，或写得太浅薄，或写得太高深，或写得干巴巴。但《读库》的各种文章既不玩深沉，也不显浅薄，而是妙趣横生，一拿起就放不下，本来我想一个月读两本，没想到越读越有趣，以至于最近一个月连读了四五本。不仅躺在床上可以读，而且在任何地方都可以读。有些文章，读了一遍还想读第二、第三遍。当然，我劝大家别在临睡前躺着读，有时会放不下睡得太晚，读完又回味其中的内容，睡不着。

《读库》的另一个优点是图文并茂，与文章同时刊发的有大量图片，不仅使人读着有趣，还可以更好地理解文中的内容。比如介绍儿童书的《图画书与儿童》，介绍电影的《皮克斯"寻蛋"之旅》(上、下，1101，1102)，介绍1958年"大跃进"时宣传画的《图画1958》，介绍邮票的各篇文章。尤其是介绍朝鲜美术的《暗自揣度》，里面的画从未见过，没有大量的画，就理解不了文中的内容与含义。图文相配，读起来既轻松，又有趣，比仅有文字的一本书好读多了。大量图片的运用是该书的一大特点——所谓特点就是其他书所没有，或不突出的。

不少杂志都希望找名人，或各个专业的权威。但名人或权威并不一定有兴趣或有能力写这类通俗性的文章，他们的作品也不是篇篇都是精华。也许是我孤陋寡闻，在《读库》中见到的名人或权威并不多，仅仅有张鸣、傅国涌、张帆、吴念真、萨苏、余斌、杨葵、付惟慈、马伯庸等，而且这些人也并不是多大的名家。这些人的文章也并非出类拔萃，有个别文章按我的评价标准还属于比较"烂"。《读库》的大部分主力作者既不是固定的一些人，也并非名人，但他们的文章写得极为出色。不少普通人写的回忆文章，如蓝桦的《摩尔小姐》（1001）、肖逢的《武斗》（1103）、荆方的《青春期》（1103）、孙毅安的《老师》（0906）都极好，情文并茂，又有点类似口述史。其实名人都是从凡人而来的，《读库》推出的这批新人，也许不久都会成为让你折服的大腕级名人。

在作者的选择上，《读库》的另一个特点是没有固定的作者队伍，只有欧逸文、傅国涌等写得略多一点，其他不少人只见过一次名字。每个人都有自己的专长，内容广泛，选题丰富，就必须作者队伍不固定，每个专业都不断有新人涌人，就应该为这些人提供显示才华的舞台。《读库》正是这样的舞台。我虽年已七十，但爱读这些新人的文章，新的知识，新的文风，充满了朝气。这正是我读《读库》时心情愉快的原因。

此外，《读库》的封面清新、简单、典雅，书中的字号和排版适于阅读，书的厚度与价格都是适中的。

对这样一本好书，我关心它的销售状况，看《读库》的版权页上都有重印的记录，在机场书店也能见到这本书，想必销售状况还是不错的，不过我觉得这种书应该能（用专业术语说是"潜在市场需求"）销到十万册以上（当年《读书》就超过了这个水平）。但我感觉，它的销售量还没有达到这个量，其原因在于宣传力度不够，中国的出版具有一种怪现象：一些烂书大吹特吹，买来一看，高呼上当；有些好书，极为谦虚，很少宣传，买到方知是宝。烂书宣传是人家的自由，只要不违法，就没人去管，我们看了宣传购买，只怨自己浅薄，上当受骗，活该。但好书，我认为应该用多种手段宣传，"酒好也怕巷子深"嘛！我写这篇文章的目的就是给《读库》做广告，让更多的人阅读、受益。从沈昌文到张立宪，我们终于有了一本让读书人躺着读的书，不宣传就太对不起编者和作者了。

愿《读库》在以张立宪为首的编辑班子努力下，做得更好，为更多读书人爱读。

（张立宪主编：《读库》，新星出版社，2006年至今）

市场经济不能由政府主导

许多人认为,这次多年不遇的金融危机是市场惹的祸,所以,主张国家干预的凯恩斯主义又一次卷土重来。其实这是天大的误解。引起这场金融危机的不是市场,正是许多人所引以为救星的政府。

金融危机起源于次贷危机,而次贷危机源于20世纪90年代的美国经济繁荣。政府无论出于哪一种动机,无一例外都希望经济繁荣。当政府可以用政策刺激经济时,它就要没完没了地用。上世纪90年代的美国经济相当繁荣,但政府还想锦上添花。美联储实行低利率，经济持续繁荣。在这种繁荣中，房地产市场更为火爆。但有购买能力的需求毕竟是有限的，房子太多卖不出去，房地产商就想到了穷人。按正常条件，这些穷人是没有资格贷款买房的，于是就发明了次贷。正是低利率使次贷成为可能，而且有利可图。当次贷太多，穷人无力偿还时，危机就出现了。引起这场危机的不正是政府的低利率刺激经济的政策吗？

经济的起伏是正常的。如果让市场自发调节，起或伏的幅度都不会过大，市场本身有调节能力。但如果政府插手，追求过分的繁荣，其后的衰退也会过分。经济本身的起伏就会变为过山车式的大起大落。美国的经济还不是完全由政府主导的，尚且引起如此大的灾难。如果经济完全由政府主导，会引起什么结果呢？

如果政府不仅用政策调节经济，而是完全直接控制经济，这就是计划经济。这种经济给人类社会所带来的灾难已由历史所证明。可以毫不夸张地说，实行计划经济的国家无一成功者。所以，绝大多数原来的计划经济国家都已经改弦更张，通过不同方式转向市场经济。

当经济中有私人企业存在，而且物品与劳务的价格主要由市场决定时，这个经济可以说是市场经济。但市场经济并不只有一种模式,采取不同的市场经济模式,结果也完全不同。政府所起的作用不同,市场经济的模式也不同。如果让市场机制充分发挥作用,而政府只是维护公共秩序,提供公共服务,调节收入分配,对企业运行和经济不横加干预,这就是完全的市场经济。如果政府仍然通过各种方法直接控制经济,让经济按自己的愿望运行,这就是政府主导的市场经济。

政府主导经济对政府官员非常有吸引力,尤其是对从计划经济转型而来的市场经济的政府官员。这种经济中,政府官员的权力仍然非常大,甚至可以呼风唤雨。让经济转型而又不失去权力,当然政府官员高兴。同时,这种经济依靠政府的力量动员资源,也可以在短期内实现高速增长,改变过去的落后状态。所以,这种模式短期内也会受到民众欢迎。但是,从长期来看,这种经济有内在缺陷,最终会给经济带来灾难。东南亚、拉美不少国家采取的就是这种模式。当初这种模式也曾创造了辉煌,被称为"东亚奇迹"。然而这种模式所引起的各种问题也不断显示出来,最终引发了这些国家的经济和社会危机。

一个使经济繁荣的政府当然是受公众欢迎的政府,政府以GDP增长为目标,是一种理性行为。但任何一个政府任期都是有限的，因此，政府所考虑的主要是短期内的GDP目标。这就有可能忽略长期中的问题，如社会收入分配和环境保护。曾经有个别官员提出"宁可毒死，也不穷死"，就是因为短期内的政绩可以使官员晋升，而当环境污染严重等长期性问题显现时，他早已溜之大吉。更重要的是，任何一种经济增长的动力都是有限的，经济增长过快，往往会引发泡沫，而且会引发通胀。市场经济泡沫难免，但只有政府主导时泡沫才会引发灾难。1997年东南亚金融危机和今日美国的金融危机都源于此。

政府主导的另一个更严重问题是政府控制了经济，权力过大。这就会引起三个不利的后果。一是限制了民营企业的发展。有些政府是通过直接控制国有企业来控制经济的。在这样的经济中，两种企业实际上处于不平等的地位，国有企业可以拥有政府赋予的垄断权力，并享受各种优惠，而民营企业则天生处于不利地位。政府想控制经济，当然会依靠国有企业，而用种种手段限制民营企业，民营企业一直处于"补充"的地位。国有企业不必靠创新去获利，企业没有活力，也许增长会很快，但缺乏竞争力。民营企业受到种种不公平的待遇，也很难形成竞争力。所以，这种经济中的企业缺乏竞争力，尤其是在国际竞争中。

二是由政府决定哪些行业、哪些企业可以得到优先发展。这仍然摆脱不了计划的思路。但政府官员并不是无所不知的圣人，他们会由于错误的信息或种种利益关系，做出错误的决策。一旦做出这种错误的决策，又依靠国家的力量去实施，纠偏十分困难，甚至不可能。市场经济的核心是由市场配置资源，决定哪些行业能得到发展，哪些企业可以得到资源。政府干预破坏了市场机制的正常作用，把"看不见的手"捆绑起来了，这就使资源配置失误，失去最好的机遇。即使经济增长了，GDP上去了，也是一个有极大隐患的畸形经济。

三是政府主导经济使得政府有极大的权力。政府官员也是利己的理性人。当这种权力失去监督时，官员就可以把公权私有化，用公权为个人利益服务。在这种经济中寻租活动是极为普遍的，再有效的监管都难以消除，而事实上这种经济总与某种程度的专制相关，监督十分乏力。东南亚、拉丁美洲国家的官员普遍腐败的根本原因正在于政府权力太大。这种政府权力过大除了引起腐败和寻租以外，还引起社会收入不公和社会矛盾激化。在东南亚、拉美这类国家中，少数有权的人及其家族依靠权力发财，绝大多数人甚至被剥夺了平等竞争的权利。尽管经济发展了，但人民享受不到繁荣的成果，这就激化了社会矛盾。想一想当年的印尼和菲律宾，你就对这个结论不怀疑了。这种经济又被称为"裙带资本主义"，是一种最坏的市场经济模式。

当然，在从计划经济向市场经济的转型过程中，也许有这样一个政府主导的阶段是正常的。这种渐进式的转型可以减少社会震荡，让社会在大体稳定中实现转型。市场经济不可能在一夜之间建成，当它没有建成时，有一个政府主导的过渡也许更有利。何况计划经济下经济长期停滞，人民贫穷，有这样一个政府主导的高度增长时期也有利于为全面过渡到市场经济奠定一个物质基础。

市场经济建成之后仍需要政府，但政府应做什么，做到什么程度？这是个争议颇大的问题。意大利经济学家维托·坦茨，曾在意大利任财政部副部长，后又在世界银行任职，他在长期实践的基础上写成《政府与市场》一书，对政府在经济中的作用及政府过分干预带来的问题作了深入的分析，值得我们一读。

（维托·坦茨：《政府与市场：变革中的政府职能》，王宇译，商务印书馆，2015年）

GDP 超过日本之后的思考

2010年，中国的GDP第一次超过日本，成为世界第二。面对这个喜讯，有人兴奋，为中国经济的成功；有人担忧，为今后可能出现的日本式停滞。在这个时候，读《日本经济史》静下来总结一下中日两国经济发展的特征，思考一下中国以后的路该如何走，应该吸取日本经济停滞的哪些教训，学习日本经济发展中哪些我们尚不及的经验，是有意义的。

中国和日本的成功都是靠政府主导的市场经济。与西方国家主要靠企业推动经济发展不同，中日两国在经济发展中，政府起了至关重要的作用。日本战后和中国改革开放以来的高速增长，政府的作用是第一位的。许多经济学家都强调了，在落后国家赶超发达国家中政府所起的关键作用。许多国家也是借助于国家的力量实现了经济的腾飞，但人们往往忽视了国家主导经济的不利影响。

纵观日本经济的发展，20世纪90年代之后日本陷入长期停滞的原因很多，但关键是缺乏原创的科技创新能力。日本的产品从汽车到家电，再到设备，哪一样是日本原创的？历数战后影响经济发展的科技创新，哪一项是日本做出的？没有。日本善于引进和吸收国外的创新，并生产出高质量的产品，但这些创新都是"舶来品"。难怪日本人也承认自己是"神偷"，善于向别国学习，而自己缺乏新思想。一个缺乏创新的民族，必然无法保持自己的活力，以致经济发展缺乏原动力，难于持续。美国经济的活力正在于它的原创能力。

日本人并不比美国人笨。他们的科学家也不乏获得诺奖者，他们的模仿可以惟妙惟肖，甚至超过原创者。但为什么在科技中的重大创新却成为空白呢？根源还在"国家主导"上。上世纪六七十年代，各国都看到了集成电路在未来经济中的潜力，花大力气促进这一领域的创新。美国政府并没有亲身参与，而是让企业自己去创新。结果美国在这一领域领先了，有了英特尔、微软等企业。日本政府亲力亲为，又是定方向，又是投资，并出面组织企业共同攻关，结果仍落后于美国。以企业之力，放手让企业去创新，成功了；而以国家之力亲力亲为，反而不成功，原因何在呢？

经济学家认为，现代科技突破性的创新需要巨大投资并面临莫大的风险。因此，这样的创新仍然离不了政府，要由政府主导。美国的航天、航空等领域的重大创新仍由政府主导，欧洲的航空、核电等方面的创新也靠政府，但决不能所有创新都靠政府，许多实用型、技术型创新应该完全交给企业。其原因，一是企业选择创新的方向和项目往往比政府更准确。企业的创新是为了实现利润最大化，它可以找准最有市场前景的方向与项目。而且，企业家敏锐的市场感觉也使其创新能找到正确方向。政府是用公共投资，官员又远离市场，缺乏市场感觉，往往会好心做错事。二是政府花的是公众的钱，很少考虑成本收益，即使成功了也代价高昂；而企业花的是自己的钱，要考虑成本收益，可以事半功倍。三是政府即使创新成功了，如何运用于实际，变为商业上的成功，仍然有不少中间环节；企业创新成功了，就可以直接变为商业上的成功。我们把企业家定义为创新者，就是强调企业家在创新中无可替代的作用。以政府代替企业家，效果就要大打折扣。企业家主导的市场经济有活力，政府主导的市场经济活力不足。日本经济停滞的原因正在于此。

反思我们的状况，我国也是政府主导的市场经济，而且政府主导的程度要远远超过日本。我们要避免日本式的停滞，必须改变这种模式。这就包括大力扶植民营经济的发展，改变国家直接控制国有企业的状况，并为企业家在经济中充分发挥主动性创造一个良好的环境。小平同志说的"政企分开"也应该是基于这样的考虑。这些也应该是"十二五"规划中改革的重点。改革再不能年年讲攻坚，年年是"只听楼梯响，不见人下来"。日本的前车之鉴，我们不可不注意。

日本经济的停滞也与它的外向型发展模式相关。外向型经济对外依存度很高，尤其是对美国的依赖程度过高，其经济就会受到世界经济尤其是美国经济的影响。当前世界经济增长放缓，尤其是美国在金融危机后一直没有完全恢复，也是日本经济走不出停滞的一个重要原因。这就让我们不得不思考，外向型经济能否成为我们的发展方向，能不能靠国外的发动机来带动国内经济发展。

日本走外向型经济发展之路，是由它的国情决定的。日本是一个岛国，资源缺乏，市场小，只能靠大出大进来发展经济。可以说，日本属于"被迫外向型"。对中国来说，经济开始发展时把出口作为发动机是必要的。加入WTO，出口迅速增长，对中国经济起飞的确起到至关重要的作用，但中国不能沿着出口型经济的道路一直走下去，要避免经济停滞必须把出口为主转变为依靠国内市场为主。实现了这种转型，中国经济还会有三十年高速增长，GDP超过美国也是指日可待；但不实现这种转型，出现停滞就是迟早的事。

在对比中日两国的经济发展模式时，必须考虑两国不同的国情。中国是一个大国，不仅资源比日本丰富得多，而且我们有十三亿人口的大市场，这个市场足以支撑中国经济的持久发展。这一点，我们不同于日本，也就没有"被迫"的问题。更为重要的是，如果说日本走外向型路线尚可以持续一段时期，我们现在已经到了不能不转型的时刻。一来我们的出口竞争力与日本不同。我们靠的是低价格的优势。低价格来源于劳动力丰富且低工资、资源的低价格，以及很少考虑环保的高污染。日本尽管缺乏重大的科技创新，但出口的竞争力在于产品的高质量和品牌优势。我们现在已面临劳动力短缺的"刘易斯拐点"，工资上升成为不可阻挡的趋势，资源日趋紧张，高污染的代价无法承受，同时汇率不断升高导致产品竞争力下降。而增强创新能力和提高产品质量，打造优秀品牌尚需时日。因此，由依靠出口转向国内市场为主就成为迫在眉睫的事情。二来我们与日本的社会制度不同。日本的产品在国外遇到的反倾销比我们要少得多。美国出于政治和军事等因素考虑，把日本作为坚定的"盟友"，而我们没有这种待遇。这也使我们的出口比日本面临更多的困难。

好在政府已经认识到这一问题，提出了转型的目标。不过要把这一目标变为现实，要做的工作还很多。

日本经济中有许多值得我们吸取的教训，但也要看到日本仍有不少值得我们学习的东西。

首先，日本在高速增长过程中实现了"国民收入倍增"的目标，极大地提高了人民的收入水平和消费水平，实现了经济增长与人民福利同时提高。应该说，日本是一个东方国家，集体主义的意识形态起着主导作用，因此明治维新之后的经济发展是以国强为目标的，并没有过多关注"民富"问题。二战前尽管有强大的国力，甚至发动了一场祸及亚洲人民的侵略战争，但人民生活水平并不高，处于国强民穷的时代。二战后开始恢复和发展经济时，仍然把振兴国家经济放在首位，人民付出了极大的代价。但在20世纪60年代之后，调整了发展目标，提出"国民收入倍增计划"，并得以实施，这就使日本在强国的同时实现了富民。日本的这种转型值得我们学习。

我们也是东方国家，由于长期的积贫积弱，受帝国主义国家的压迫、轻视，因此自洋务运动以来强国一直是国人的希望。想强国不错，但重"强国"而轻"民富"就走了另一个极端。应该说，没有民富也不会有真正的强国。改革开放以来三十年的发展仍然是以强国为目标的，所以经济发展了，人民的收入并没有相应提高。这种状况也会制约经济发展。人民收入没有相应增加，只有靠投资和出口，而任何一种经济都不可能靠投资和出口实现长期可持续的增长。我们应该学习日本在高速增长中实现"国民收入倍增"，即使增加人民收入会暂时放慢GDP增长，也一定要这样做。因为我们实现增长的最终目标还在于让人民过上好日子，而且也只有人民收入"倍增"了，增长才有持久的消费动力，才有"永动机"。"十二五规划"提出的"富民"是极为正确的。在实现富民的过程中，日本的"国民收入倍增"计划是值得我们学习的。

其次，日本尽管缺乏创新，但注重产品质量，这一点仍值得我们学习。战后"日本货"也曾被作为假冒低劣产品的代名词，但是，日本意识到这一问题，注重提高产品质量，如今日本产品的质量是有目共睹的。日本产品在世界上有竞争力也在于它的质量。从我国的情况来看,要在短期内具有重大科技创新能力也不太现实,但提高产品质量,只要愿意,而且努力去做,就可以迅速做到。日本产品从劣质变为优质的过程是值得我们学习的。

最后,日本在经济发展中一直重视资源的节约和环境保护,也值得我们学习。也许是日本的资源太缺乏了,所以,全民都有节约资源的意识。日本的资源利用率在全世界是最高的,甚至超过了欧美发达国家。日本在战后的发展中也曾出现过许多环境被破坏、污染的事件,但他们很快就纠正了以污染换发展的做法。现在日本的环境保护也是有目共睹的。在这方面,日本也给我们提供了榜样。日本的经验说明,节能减排与经济发展并不矛盾,关键在于如何去做。

面对 GDP 超过日本,我们不能一味高兴,也不用过分忧虑。只要吸取日本发展的教训,学习日本的经验,我们就不仅能把 GDP 超过日本的成功持续下去,而且可以全面地超越日本。

(速水融、宫本又郎等:《日本经济史》[共八卷],厉以平、连湘等译,生活·读书·新知三联书店,1997年)

尺有所长，寸有所短

林语堂先生曾说过："写文章要像女人的裙子一样，越短越好。"这是针对当时有人写长而空洞的文章而言的，并非一般规律。文章，长有长的优势，短有短的优势。同样，长有长的缺点，短也有短的缺点。还是毛主席说得好，有话则长，无话则短。

随着各报刊专栏的开设，博客和微博的流行，许多人写的文章越来越短。这当然有利于人们在繁忙的工作中用简单的语言交流思想，但并非一切观点都适于用迷你裙一样的短文来表达。这种感觉是在读朱维铮先生的《重读近代史》时产生的。

　　自从改革开放以来，学界的思想得到解放，初步实现了百花齐放、百家争鸣。在史学界，学者对传统已有定论的观点进行了反思，甚至质疑或否定。无论这些新观点正确与否，都是一种历史性进步。在这场思想解放中，许多受传统观念教育熏陶的老学者亦充当了先锋，敢于向旧传统反戈一击，十分可贵。朱维铮先生对近代史的一些反思就极有意义，提出的许多观点也颇为中肯，显示出老一代学人的学问功底和探索真理的精神。朱先生已仙逝，但他的这种精神值得我们学习。

　　朱先生《重读近代史》的第一部分"篇之甲　史有疑"，对一些近代史中的传统观点提出质疑。他质疑的许多观点都是早有定论的。当然，有定论不是不能质疑或反对，但要言之有据，或让人信服。朱先生用不到两千字的短文来质疑这些观点，感觉论证不够充分，反而使人对朱先生的观点不得不提出再质疑。不到两千字的文章的确够"迷你"的，但短到衣不遮体，就不是短的目的了。

　　落后必挨打，用落后来解释中国近代史上一再挨打是早为一般人接受的观点。朱先生的第一篇文章"挨打必因落后？"就是反驳这种传统观点的。朱先生认为，"倘说鸦片战争是因为中国'落后'而挨打，不合乎历史真相"，其论据如下：第一，"当时中国经济并不落后，GDP仍居世界第一"。第二，"当时中国对外并不封闭"。第三，"鸦片战争后才有人开眼看世界"违反历史。第四，中国挨打"恰好是因为中国比欧洲高"，这些观点对于整个中国近代史都十分重要，如果能成立，历史就要彻底重写了。但我认为，朱先生讲得太简单了，连我这样的"年龄老而思想前卫"的门外汉都无法接受。

  鸦片战争前中国是否落后，朱先生把GDP作为唯一的判断标准，我以为这是极不严肃的。现在大家都承认，不能把GDP作为判断一国经济强弱的唯一标准。且不说当年的GDP估算是否准确可信，姑且把这个GDP作为可信的，把GDP作为经济强弱的标准也不靠谱，正如现在我们GDP位列全球第二（这是准确的），但绝不能认为我们的经济实力也是全球老二一样。在当时，我们的GDP全球第一，但别忘了，我们的人口也是全球第一。人均GDP也是衡量一国经济强弱的重要标准。我们的人均GDP是否全球第一呢？作者没说，这就犯了研究史学的一个大忌，即只引用对自己有利的资料，而不用对自己不利的资料，这就是我们一再批判的"文革"前的方法——"以论带史",先定观点再找资料。有用的,能证明自己观点的拿过来;没用的,与自己观点不一致的,彻底舍弃。

而且,即使人均GDP也是第一了,是否就是第一经济强国呢?也不一定,还要看其他数据。比如,要看人民的收入水平与生活水平。青年史学家洪振快先生写过一篇《中国的康乾盛世还不如英国中世纪》的文章,证明了中国康乾盛世人们的收入与生活水平远不如中世纪英国爱德华一世在位的1272—1307年间。具体的资料我不引用了,有兴趣的读者可以去找洪先生的原文。我认为该文是有说服力的,康乾时代尚且如此,鸦片战争前的道光年间,恐怕连康乾时代也不如。一个国家,人民收入与生活水平如此低下,能称得上经济强国吗?

而且,GDP、人均GDP、收入与生活水平都是数字上的东西,经济强弱还在于经济制度与科技水平。鸦片战争前中国是两千多年基本未改变的传统经济制度,产权制度、公平竞争、市场机制这些基本经济制度都谈不上,而英国已经是市场经济国家了,支撑整个经济的是一套相当完善的市场经济制度。市场经济比中央集权下的小农经济先进,这恐怕没有什么争议。经济制度的差异决定了中国经济是停滞的，没有活力的，而英国经济充满了向上的活力，这正如一个老年人和年轻人，一般而言，你不能认为老年人强壮，年轻人软弱。

18世纪的英国在市场经济制度的支撑下进入工业革命时期，科技创新层出不穷，产业革命高歌猛进。而同时期中国的科技与工业呢？无论中国历史上有多少科技突破，在鸦片战争前夕科技落后于英国，恐怕无人否认。工业经济领先于农业经济也不用争论。真不知道，朱先生如何得出当年中国经济全球第一的概念。

其实落后与先进，不仅仅是经济，还包括各个方面。在政治制度上，英国的民主制度领先于中国当时的中央集权专制制度。在军事上，英国的军事实力优于中国。在文化上，英国的开放文化领先于中国的封闭保守文化。无论从哪一方面看，中国在鸦片战争前夕的落后才是挨打，而且被打败的主要原因。传统观点不一定全是错的，思想再解放也不能否定一切。这一点还用质疑吗？

朱先生从中国并不落后又引申出中国挨打是由于太富有，富才有强盗抢你，偷你。以此又一次证明中国不仅不落后，反而最富有，富得引起别人羡慕嫉妒恨，才会挨打。朱先生把葡萄牙、西班牙、荷兰在鸦片战争前的海盗行为与英国发动鸦片战争相比，来证明这个观点，我认为又是智者千虑之一失。鸦片战争之前，葡萄牙、西班牙、荷兰的确是有些海盗行为，他们并不是仅仅因为中国富才来掠夺的，而是无论贫富都要抢。强盗抢东西是不分穷富的，这些国家不也抢了其他国家吗？

英国发动的鸦片战争与这些国家的抢掠性质不同。张鸣先生在《重说中国近代史》中提出了一个观点："晚清历史的本质就是西方把中国拖入它们的世界体系的过程。"[1] 在这一过程中，中国顽强抵制，拒绝进入世界体系，故而屡屡挨打。想想马戛尔尼在乾隆朝晚期来华时提出的要求是开展贸易和建立平等的外交关系，但被拒绝了，这也是鸦片战争的原因之一。正如一位经济学家说的，商品不能跨过边界，士兵就会跨过边界。这正是历史上文明的冲突。英国发动的鸦片战争当然是非正义的，但英国的确不是看我们富，想来掠夺的，而是要我们打开大门的，你不自愿打开，它就用枪炮打开。手段是无所谓的，目的就是一切。只有从这个角度才能全面客观地认识鸦片战争爆发的真正原因，把鸦片战争归因于我们因富而招来强盗，太不靠谱了。

---

[1] 张鸣：《重说中国近代史》，中国致公出版社，2012年，第4页。

朱先生不承认因封闭而挨打，坚持认为当时中国对外并不封闭。这一点也无法让人理解。朱先生用郑和下西洋、教士入华、一些中国有识人士已有世界意识来证明中国不封闭，我认为这同样不靠谱，我甚至怀疑这话是从一个史学大师嘴里说出来的。鸦片战争前中国封闭这一点几乎很少有人怀疑，个别人也可能有世界意识，但作为主流意识形态绝对是"华夷之辨"，中华文化世界第一。对这一点论述的著作极多。我看到最新的一本书是雷颐先生的《面对现代性挑战：清王朝的应对》[1]。雷颐先生对当年中国主流意识形态的封闭性作了精辟论述，我再写只能抄雷先生了。

朱先生想推翻近代史上早有定论的一些观点，并没有错。但要推翻这些广为人知的观点，仅仅是一篇不足两千字的文章绝对不够。这里的"迷你裙"不是美，而是空，并没有什么实质性的内容。我的文章也属于"迷你"型，但我说的是大家甚为熟悉的传统观点，不用太长。有兴趣的读者，可看看我提到的相关著作。

我对朱先生观点的商榷，都是围绕这本书的第一篇文章。这是因为我认为这篇文章是全书的纲，纲举目张，破

---

[1] 社会科学文献出版社，2012年。

目当然先破纲。但我绝不认为这本书一无是处，相反，我读这本书还是获益不少，尤其对晚清许多具体问题的论述，还是相当有水平的，对我这样的门外汉，尤其有启迪。我就不一一举例了。

朱先生已经仙逝了，我以这篇文章来纪念他。纪念不仅是对逝者的赞美，对他一些观点的讨论也是一种纪念方式，这可以引起后人的注意，纠正他的智者之失，并把他开创的事业推向前进。

（朱维铮：《重读近代史》，中西书局，2010年）

译书如何改书名

译书通常是直译书名。有些书名太长，有些不好理解，或者不适于中国国情，译者就改换书名。例如，亚当·斯密的《国民财富的性质和原因的研究》就被严复改为《原富》，以后又被近人改为《国富论》。这种改名合不合适呢？

让我想到这个问题的是最近读了一本美国作家文斯·弗林（Vince Flynn）的反恐小说，书名为《反恐暗战2：卡扎菲的军火商》[1]，封面上写的介绍是"比恐怖分子更恐怖的，是一直从恐怖袭击中牟利的军火商"。读完后才知道，其实全书的内容与军火商没什么关系。全书是围绕美国中情局暗杀一名与卡扎菲有过交易、又与萨达姆进行核武制造设备交易的德国商人所引发的美国高层政界人物之间的钩心斗角、争权夺利。这个先后与卡扎菲、萨达姆交易的商人，仅仅是一个引子，根本没写他如何交易、如何从中牟利的事，把书名定为《卡扎菲的军火商》岂不是误导读者？更别说封面上写的那些话了。看到版权页才知道，其实英文原名《第三种选择》(The Third Option)就极为贴切。书中说美国对付恐怖分子有三种选择：外交政治、军事与暗杀。对付这名帮助恐怖分子的德国商人，前两种方法实行不易，于是就用了第三种选择——暗杀，由此引起美国国内政界上层的争斗。到别国暗杀人，当然违反了国际法，这才给有野心的政客以攻击的借口。读完全书才知道原书名之意义，而改后的书名则不伦不类，这样确切的书名何必自作主张地改呢？

最近还看了一本书，书名为《龙争虎斗》[2]。初看书名真

---

[1] 同心出版社，2013年。
[2] 上海译文出版社，2010年。

不知这本书是写什么的。只是由于这本书的作者为美国作家罗伯特·陆德伦（Robert Ludlum），我读过他的"伯恩系列"，知道他是一名优秀的侦探小说作家，才买了一本来读。原以为从书名看是写苏美间谍之间的斗争的，读完才知道是写两个原本对立的苏美顶尖级间谍合作起来与一个国际恐怖组织"莫达莱兹评议会"斗争的。这本书的原名为"The Matarese Circle"，译为"莫达莱兹集团"就可以。当然，改得更达雅一点也可，但中心不能离开莫达莱兹这个集团的阴谋。把书名改为极其一般、没什么特定含义的"龙争虎斗"，真是莫名其妙。改书名的目的之一是吸引读者，增加销售量，但改为这样抽象的名字，谁也不知写什么，谁肯买呢？我要不是知道了作者的名字，读过他的书，也肯定不买。书名起码要让人读完书后感到恍然大悟，不能让人读完书感到莫名其妙。所以，书名还要具体一些，不能太抽象。

让我最不能容忍的是有些书名被改之后，歪曲了作者的原意，引起读者的误解。最近读了两本经济学家的传记。一本是美国作家西尔维娅·娜萨（Sylvia Nasar）写的《推手：改变世界的经济学天才》，另一本是美国作家肯尼斯·R. 胡佛（Kenneth R. Hoover）写的《凯恩斯、拉斯基、哈耶克：改变世界的三个经济学家》。不用看内容，仅看书名就知道，书名一定是译者改的，而且改错了，改得歪曲了作者的原意。西方人从来不认为经济学家可以改变历史，或推动历史前进。所以，他们写经济学家的传记绝不会用这类夸张无边的书名。一查原名的确如此。前一本书的原名是"*Grand Pursuit*"，直译出来是"宏伟的追求"，简洁一点译为"宏愿"也未尝不可。书名的意思包含了这些经济学家有令人敬佩的追求，但并没有包含什么推动历史前进的"推手"，甚至改变世界的意思。后一本书的原名是"*Economics as Ideology：Keynes, Laski, Hayek, and the Creation of Contemporary Politics*"，直译出来是"经济学作为一种意识形态：凯恩斯、拉斯基、哈耶克及当代政治的创建"。主旨讲的是这三位学者对当代政治的影响，并没有改变世界之意，而且拉斯基是政治学家，算不上经济学家。

译者赋予这些经济学家以改变世界的作用，主要还是受中国当今一种不正确观念的影响。改革开放之后，经济学由默默无闻变为显赫的"显学"。不少人（包括经济学家自己）认为经济学是"经邦济世""学以致用"的，上可以影响国家政策，下可以发财致富，由此就认为经济学家可以改变历史。其实，经济学家从来没有这种功能。拿几个最有名的经济学家举例来说，是先有市场经济，后有亚当·斯密，并不是斯密设计并促成市场经济。同样先有国家干预经济的实践，后有凯恩斯，并不是凯恩斯设计并推行了国家干预经济的政策。即使世界上斯密和凯恩斯没有出生，市场经济发展的规律也不会改变。任何一个人都无法改变历史本身的发展规律，这就是"人间正道是沧桑"。在中国，改革开放也不是经济学家推动的。最近有一本书，认为改革是自下而上的，我不认同这种说法。历来的改革都是自上而下的。自下而上不是改革，是改朝换代的革命。中国的改革有其内在必然性，而把这种必然性变为现实的是邓小平及以他为首的党内改革派。包产到户并不是群众或经济学家发明的新方法，早在20世纪60年代困难时期已经部分实行，并得到邓子恢等老革命家的支持，不过因高层坚决反对，所以未成气候。改革开放后得以实施，还是因为邓小平成为新一届领导核心。至于私人企业，已存在几千年了，能成为促进中国经济的动力，也是邓小平推动的改革开放所致。无论下面群众亦或经济学家创造了什么，没有上面的批准、支持，全没用，也无法改变历史。至于经济学家，只是在上面决定改革时，那些有官方身份的经济学家才可以提一点参考意见或建议。经济学家自身并不能改变历史。这两本书的译者受经济学家可以影响甚至改变历史的错误观念影响，才把书名译成这么一个错误的东西,这种书名的译法传达了一种错误的观念,误导了读者。

再回到斯密《国民财富的性质和原因的研究》的译法。我以为严复先生改为"原富"是相当高明的。"原富"就是"论财富",既没有违背斯密的原意,又符合用文言文译书的表述方式,易于被中国读者接受。但当代人改译为"国富论",我认为就甚不妥当了。在中国人的观念中,"国富"是国家富裕。但国家富裕并不等于人民也富,当年的法西斯德国和日本,以后的社会主义苏联,哪个不富,但人民富了吗?斯密讲的"国民财富"是"国民"的财富,而不是"国家"的财富。从全书看,斯密更为关心的是国民财富而不是国家财富。在中国人的观念中,"国家"就等于"国民",所以以强国、富国为目标,而不是以强国民、富国民为目标。以为大河有了水,小河就满了,实际上大河的水可以溢出来甚至送给外国,但小河仍然干巴巴的。一味以强国、富国为目标,就不是以人为本。所以,以"国富"为题,曲解了斯密。我一直推崇郭大力、王亚南先生译的本子。尽管以后以《国富论》为名出的各种版本译文上更好,但我以为书名不可改。

其实绝大多数外国著作的名字是可以直译的,没有改名之必要。少数需改的,也要坚持"信"为第一,不能歪曲原意,误导读者。译书要不要改书名其实并不是一个问题，起码不是哈姆雷特"生存还是毁灭"这种至关重大的问题。译书首先要"信"，在"信"的基础上再"达，雅"。译书名就应遵循这一原则。为吸引读者眼球而改的书名，往往弄巧成拙。

给书起个好名字

起名字是一件大事。许多家长给孩子起名字又是测生辰八字，又是看星座，又是日以继夜地翻《新华字典》，又是高价请"大师"。

其实给孩子起名字并不重要。毛泽东的父亲没给他起这个名字，他也会"泽润"东方，华国锋给自己改这个名字时也不会想到还有当领袖的一天。"文革"中有个叫王白旦（想想这个名字的谐音）的人也当了中央委员，而叫爱党、爱东、卫青者，反革命也不少。名字只是个符号，随便叫一个无所谓。

不过给书起名字就不一样了。有些书名让人一看就有买的冲动。最近陈寅恪的三个女儿合写了一本回忆录,书名用了他的一句诗:"也同欢乐也同愁。"真是妙不可言,自从看到预告,我就极想买一本,一读为快。读过后觉得还可以,不过是显得单薄一点,没有达到我的预期值。

如果说有些书还仅仅是书名不妥当,那么,有的书基本观点都难以成立。比如英国人马丁·雅克所写的《当中国统治世界》[1],这本书内容本身就有问题,由此而来的书名更不合适。

这本书的立意就是错误的,因为中国人并不想像美国一样统治世界。毛泽东早就说过,中国"不称霸",意思是我们并没有统治世界的野心。尽管毛泽东去世后许多政策发生了改变,但"不称霸"并没有改变。中央领导一再说咱中国实行和平、平等的对外政策,即使以后实力强大了,到了世界第一的地步,也不会"称霸"。我想这个外交政策的总方针是无论哪一位领导人当政都不会改变的。我们中国人受过别人的统治,知道被统治的滋味,因此,我们不

---

[1] [英]马丁·雅克:《当中国统治世界》,张莉、刘曲译,中信出版社,2010年版。

会去统治别人。

看到这本书时,我想,外国人讲中国统治世界也许是怕中国统治世界,所以警告外国人注意,甚至要想法限制中国,总之是一本恶意的书。但看完全书之后,我明白了,恰恰相反,这是一本对中国极为友好的书,甚至可以说是吹捧中国的书。那么,吹捧得有理吗?

这本书的基本观点,建立在两个依据之上:一是中国的兴起和西方的衰落,二是中国已成为超级经济大国。这两个依据在我看来最少在近二十年内还是一厢情愿的乌托邦。

西方的衰落是一个老题目,至少从空想社会主义起,就在唱衰西方了。每一次经济危机都会有这种"唱衰论"登场。最近美国金融危机,不是又出现了"唱衰论"吗?事实怎么样呢?奥巴马上台以来,美国经济一直在复苏,尽管欧盟最近遇到了由希腊债务危机引起的困难,复苏会受到影响,但"衰"还是谈不上的。西方,或者说资本主义目前还没有落场的迹象。这就在于资本主义的生产关系总体上仍然适应于生产力的发展。目前,西方世界的科技、经济仍然领先于全世界,仅仅美国和欧盟的GDP就占全世界的一半以上。而且更重要的是,资本主义有不断调整自己的能力。用一句时髦的话说,就是可以"与时俱进"。说西方衰落就像说一个偶染小疾的健康人快死了一样荒谬。

中国一定能成为超级经济大国，这一点我并不怀疑，但作者说的是现在，并不是几十年以后，那就另当别论了。中国现在是一个经济大国，但超级还说不上。因为中国仅仅是GDP的量上去了，质并没有上去。当我们的经济靠投资与出口拉动而消费不足时，当我们的经济以高消耗、高污染作为增长的代价时，当我们的经济仅仅在制造业"微笑曲线"的下端时，当我们的经济靠富士康这样的组装企业来支撑时，当我们的经济走出衰退是靠政府的"强心剂"刺激时，当我们的经济增长并没有带来普遍的福利提高时，你能把"超级经济大国"这顶桂冠戴给我们吗？

尽管读完全书，你会发现这本书可取之处并不少，例如，作者强调了现代化并非西方一条路，中国不会走西方之路，这些都富有启发。但书名的过度溢美和基本观点的错误，使它的意义大减。

出版者为什么热衷于这种"雷人"的名字呢？也许是为了哗众取宠，吸引眼球。不过，我想还有更深的原因，且待下次分析。

出书与卖书

我喜欢看书，也经常买书。

我平时订阅和赠阅的有近二十种报刊，这些报刊是我获取图书信息的主要渠道。由于信息有限，经常错失一些好书。比如，得知黄有光先生在作家出版社出了一本包含经济学内容的武侠小说《千古奇情记》是在出书几年之后，当然无法买到了。像这样悔之晚矣的事还有多次。

这当然有我自己的责任。现在是信息时代，许多信息，包括出版信息，是通过网络发布的，但我不上网，也不会上网。许多网上的新书信息就无从得知。但从另一个角度看，像我这样不上网的买书者绝非个例，出版社是否可以用更多的方式向我们传递新书信息呢？

从这件事我联想到我国许多出版社的一个通病：重出版而轻销售，只关心出好书而忽略卖好书。我想这里的一个原因是许多出版社的领导还是文人出身。他们爱读书，把书作为文化的传承，一心出版好书，但不太关心卖书，也不太熟悉如何把书卖好。从客观原因来看，所有出版社都是国有的，尽管也进行了一些改革，如出版社企业化，但本质变化不大。在国有体制下，出书赚了钱与自己关系不大，而赔了钱，也不会没饭吃。而且，束缚出版社的规定框框太多，守规矩卖不出书没关系，不守规矩，卖好了书也没好结果。谁还在卖书上下功夫？举个例子，我常向出版社建议，重视机场书店，但由于机场书店给的折扣太低，突破了上级规定的上限，无法实现。同样，许多优秀的销售人员离开出版社或出版社招不到出色的销售人员，也在于出版社给的激励不足。而这又是上级规定的。有那么多上级，又有那么多规定，怎么去创新卖书？

当然，出版社体制上的这些问题，要由"肉食者"来解决，作为"素食者"，我们这些"买书人"无可奈何。但也绝非无所作为，在现有体制下，我们仍可以为卖好书做点努力，不能实现最优结果，也可以有所改善。

卖书的关键是宣传，书好也怕巷子深。通过宣传让读者知道一本书的大体内容及评价，才能引起读者阅读的兴趣，让他们愿意掏钱买书。如今在出版物泛滥的情况下，通过宣传，读者才能选到他们爱读的书。否则面对每年二十多万种的出版物，读者真有点不知所措，想读书也不知从何处下手了。对书的宣传介绍不仅仅为卖书服务，而是从更深远的意义上形成人人爱读书的好风气。这对于提高全民族的文化品位具有更重要的意义。出版社宣传书绝不仅是为了自己利润最大化，也是在承担自己的社会责任。

说到宣传对书的重要性，我想起曼昆《经济学原理》在中国畅销的经历。当年人大出版社的梁晶工作室找到我翻译这本在美国也刚刚面世的经济学教科学，并决定由三联书店和北京大学出版社联合出版时，出版者对这本书的市场前景都没有把握。当时国外的经济学教材有许多已翻译出版。萨缪尔森的《经济学》已稳居龙头地位。梁晶工作室组织翻译、人大出版社出版的斯蒂格利茨的《经济学》刚刚上市，且业绩甚佳。国内各高校都编有西方经济学的教材，且有自己的垄断范围。在这种百舸争流的局面下，再推出一本人们尚不熟悉的曼昆的《经济学原理》，能有市场吗？

梁晶工作室和出版者相信，书是好书，关键在于如何通过宣传让读者接受。于是就策划了一场场宣传活动。首先是组织了一批极有影响的书评，写稿的有组织者、译者、出版社及曼昆在哈佛大学时的学生等。这些书评集中发表在《光明日报》一整版上。通过这一版书评，不仅许多学者注意到了，而且引起当时中央领导的注意。这本书一上市就获得了不斐的销售业绩。然后三联书店又策划，由我到全国二十多个城市的众多高校介绍这本书。三联非常关注这次巡回讲座，由一位副总编和若干工作人员组织，并陪同到各地活动。每次讲座后都在当地掀起一次销售热潮，我们仅仅在上海书城讲完后即出售了二百多套。通过这次活动，《经济学原理》成为许多高校的教材和经济学爱好者的必读书。据说这种销售热引发了不少地方的盗版书。盗版当然不是好事，但有盗版正是这本书销售成功的标志。《经济学原理》的确是一本好书，但好书也需要宣传炒作。炒作并不是贬义词，炒好的东西是一件好事，也有把坏的炒成热销的，那才是不道德的行为。书好炒作起来就理直气壮。

有许多好书不宣传，更不炒作（好像有些文人还以炒作为耻），连我这爱书的人都不知道。例如，上海书店出版社的"海上文库"是一套极好的书。从形式到内容都堪称精品（所以以后模仿其形式与内容的山寨版亦不少）。但一直没见到什么有影响的宣传。我是从《深圳商报》的一篇简短介绍中，知道有这套书，然后抱着试一试的心情买了几本，读后大感相见太晚，才逐渐配齐的。说句不好意思的话，上海书店出版社其实出了许多好书，但在读"海上文库"之前，连这家出版社的存在我都不知道。这固然有我孤陋寡闻的一面，但你太谦虚了，在无数的出版社中，我怎么能对你有印象呢？正如一位美女不上《非诚勿扰》之类的节目及各种媒体，谁能知道你美若天仙、沉鱼落雁呢？

谦虚低调固然是一种美德，但在信息化的今天，大隐隐于市是无人知晓的。我买书是很看重出版社的。对知名出版社的书，我放心大胆买，但对不知名的出版社的书，买起来就束手束脚。出版社是品牌，名牌产品好卖是人人尽知的。把自己的出版社作为名牌，当然最重要的是出好书，但宣传是绝对不可缺的。现在并不是只有几家出版社的时代，要成为名牌出版社离不了宣传。"桃李不言，下自成蹊"是过去年代的事。宣传、介绍自己的书也是为自己出版社创名牌的方法。好书出多了，尽人皆知了，出版社不也知名了吗？

宣传书的方法很多，但我看中的一个办法是围绕一套书做讲座。比如,"海上文库"是一套极好的书,许多作者都是大腕级的。出版社完全可以围绕这套书,请一些大腕级的学者做讲座。首先可以在上海做,有条件的可以到全国各地做。通过这些讲座让大家接受这套书,并介绍许多相关的知识。这是极有意义的文化活动,既有利于这套书的销售,提高自己出版社的知名度,又给群众提供了一份文化大餐。我想任何地方的群众、领导都会支持这种好事。而且这种讲座最好不收费。它的收益要从一个出版社的长期影响和社会影响着眼,不要仅仅看讲座本身的成本收益核算。

另一个办法是写书评。许多报刊都有书评栏目,网上也有不少书评网站。我选书主要就根据书评。写书评当然最好请专家,尤其是大腕级的专家,但这有一定难度。主要还是这些人太忙了,或者不愿意写这类成本高收益低的文章。其实书评写好极不容易。在读过的书评中,我很欣赏香港梁文道的书评《我读》(1—5)[1]。而且,名家大腕是从平凡人中产生的。年轻人在开始写时会有各种不足,但他们认真,肯下功夫。出版社要注意扶植这样的年轻人。

---

[1] 梁文道:《我读》(1),上海三联书店,2010年;《我读》(2—5),湖南文艺出版社,2010—2013年。

其实用什么方法来宣传不是主要问题,关键是要认识到书需要宣传。也许是一种偏见,我总觉得许多出版社只注意出书,而不注意卖书,只看重每年出了多少书,而不看重每种书卖了多少。听一些编辑说,每天忙于编书,因为有量化指标。想一想,中国每年出的二十多万种书中有多少是精品,受到市场欢迎?这么多书中,垃圾相当多,又卖不出去,我真不明白追求出版的品种数量有什么用。一本书经过了写作、编辑、出版,要花费多少人力物力资源?读者不欢迎,出它干什么?岂不是资源的最大浪费吗?我的想法是少出一点,但出得精一些,尤其是做好宣传与销售,让每一本书都既有社会效益,又有经济效益。许多书是有潜在市场的,但销售业绩并不好,这就是没有在销售上下足功夫。比如"海上文库",许多品种只印了5000册。其实在我看来,这种书内容好,整体设计好,价格又较低,销售5万册应该没问题。而潜在需求与实际销售差距甚大,关键就在于宣传和销售上。我经常向朋友推荐这套书,他们的第一反应是没听说过这套书,也就无从购买阅读了。他们听我介绍读过后都说,的确不错,值得一看。

　　文人的特点是耻于言钱,耻于炒作。殊不知,在市场化的今天,有宣传销售方法才有钱,有钱与有文化并不矛盾。当然,宣传仅仅是销售的第一步,还有许多其他工作要做。

2013年，未受广泛关注的10本好书

圣诞歌已经唱过，新年的钟声还未响起，又到了一年作读书总结的时候了。

今年读书共297本，比去年306本减少了3%，没有保持增长也就算了吧。读书本不应以本数为目的，正如经济不应以GDP为唯一目的一样。翻阅一下读过的书目，小说约占一半左右。以前曾觉得，只图享受读小说不行，还要多读点有学术水平的书。但今年的实践证明，真的很难做到。我读书大都在讲课之余，讲一天课后再读学术性的书，兴趣索

然，读不下去，只有读小说才是休息。再想想，我读书的目的本来也不是提高自己的学术水平，纯属休闲而已。年逾七十还谈提高学术水平，有点太"老骥伏枥"了，只要能跟上时代就行。既然读书的目的全然是为了享受，填补退出社会的空虚，那就想读什么就读什么，不必为读小说太多而自责。而且，只读好书的要求也不现实，毕竟好书的标准因人而异，不必按报上推荐的好书去读，自己觉得好，读了高兴就行。

今年有许多书的确很好，如《邓小平时代》《故国人民有所思》《繁花》等。这些书我都读过，认为真的好。但这些书几乎尽人皆知，或已进入各个媒体评选的好书之列，我想就不用我再推荐了。有些书尽管没有进入好书排行榜，但也引起了广泛的关注，网上、报刊上评论、争议甚多，如《共同的底线》《忍不住的"关怀"》《第七夜》《冷战》等。这些书知名度相当高，爱书的人几乎都知道，我也不必再列出来了。我想推荐的是写得相当好，但并没有引起广泛关注的书。我觉得湮没了这些书是一种罪过，应该让更多的人读这些书。

按惯例还是先推荐经济学的书。这类书我读了不少，但我觉得与其他书相比，值得推荐的经济学著作还是少了点。

在理论上有创新或新意的书，我几乎没读到，绝大多数还是关于国内经济改革的，不过有真知灼见的并不多。或者耸人听闻，讲中国如何面临危机；或者以梦为真，讲中国未来如何增长繁荣；或者对中国现实经济缺乏感觉，隔靴搔痒，认真进行研究的不多。当然这些书也不是没有意义，作为一种学术探讨也是有启发的，不过不值得一般读者去读。在众多经济学著作中，我只想推荐一本：周其仁先生的《改革的逻辑》[1]。周先生做学问极为认真，所探讨的都是改革中的现实问题。我认为，讲具体问题比讲大道理有意义得多。中国改革的方向是明确的，三中全会讲到要让价格在资源配置中起决定性作用，这就是改革的方向。问题在于如何实现这一点，这就要解决一个一个的具体问题。周先生是坚决支持市场化改革的，但他不是空谈必要性云云，而是从具体问题入手，讲如何实现这一目标。而且，周先生既有相当高的理论水平，又重视对现实问题的调查与思考，所写出的著作就对我们极有启发。在这本书中，周先生首先分析了"中国做对了什么"，这是对三十年改革的一个总结。总结过去的经验，才知以后如何努力。接着他分析了产权界定、土地制

---

[1] 中信出版社，2013年。

度改革、货币政策及促进增长这些改革的要点，最后提出"中国还需要做对什么"，就是未来改革的重点。读完全书你会觉得切合中国现实，又富有启迪。周先生的书内容有深度，但并不深奥，而且文字通畅，读起来一点也不枯燥。学术著作能写到这个水平的确要有相当的功底。

文学类好书，是我今年读的数量最多的。在小说中，我想推荐贾平凹先生的《带灯》[1]。我觉得在中国作家中，贾平凹、余华、苏童等的实力与作品都有资格获得诺奖，只是他们运气不如莫言好。我很早就喜欢贾平凹先生的小说。他早期的"商州系列"中篇小说、《浮躁》等长篇小说，都深深感动过我。争议相当大的《废都》，我觉得也颇有新意。贾平凹是一个不断求新求变的作者，不会保持不变的风格。他后期的一些小说，魔幻的成分越来越强。不是不好，是我读不懂或看起来费劲。而最近这一本《带灯》又有点回到原来的现实主义，而比早期作品的艺术水平提高了一个层次。

《带灯》写的是中国最基层的单位乡一级政府干部面对各种现实问题的困难与困惑。我也去过乡政府，深知他们的艰辛与困难。面对最普通的或刁或善的老百姓，要处理无数

---

[1] 人民文学出版社，2013年。

看似小，却又难办的事情，他们的精神令人敬佩，但他们的艰辛却往往不被理解。这本书真实再现了当前农村的现状，对我们认识中国也极有意义。读这本小说，享受中又让你深思。

我想推荐的另一类小说，是侦探小说。我极爱读这类小说，故事情节曲折，出人意料，是休闲的最好读物。许多人都爱这类书，但都认为层次不高，不好意思推荐。侦探小说能进入"畅销书排行榜"，但难以进入"好书排行榜"，我认为这不公道。畅销书与好书并不矛盾，有些畅销书并非好书，如许多网络小说。有些好书并不畅销，如有学术价值的书。但也有些畅销书就是好书，正因为好才能畅销，不少侦探小说就属于这一类。古典侦探小说，如克里斯蒂和美国范达因的作品，今天看来不免有些过时。而且，中国人写这类小说，畅销是有可能的，但未必能说好。我觉得西方的不少这类书的作家，如刚去世不久的汤姆·克兰西，美国作家陆德伦·文斯·弗林等人的侦探小说就相当好。但我最欣赏的是美国作家弗雷德里克·福赛斯（Frederick Forsyth）的书。据我了解，今年国内有两家出版社出版了他的书。一个是时代出版传媒股份有限公司旗下的黄山书社出版了他的作品集，共七本。另一个是同心出版社出版的"间谍课"系列，计划出七本，还没出齐。早在20世纪80年代就有出版社出过他的《豺狼的日子》。当年成为青年学子的热门读物，用洛阳纸贵来评价并不为过，这两个系列同样本本精彩，让你一捧起就无法放手。在这些书中，我最爱读，亦最想推荐给读者朋友的是《魔鬼的抉择》[1]。这本小说把冷战中苏美的争斗和恐怖分子的活动交织在一起，情节曲折，出其不意。读起来刺激、有趣，尤其最后的结尾，出乎所有人意料。尽管这本书是去年出版，但福赛斯的许多书是今年才出版的。我举出去年这一本，是因为我认为在他的系列书中，这本可称"精品中的精品"。

文学类书中还包括散文。我注意到海豚出版社出版的"海豚书馆"和"海豚文存"两个系列，其中的不少散文都写得相当好。这两个系列的书我买了不少，也读了不少。我要推荐的是"海豚文存"中谭伯牛先生的《盛世偏多文字狱》[2]。对谭伯牛先生我一无所知，只在《上海书评》上读过他写的文章。对他的年龄、专业完全不知道，甚至从他的文章风格猜测过他也许是台湾人。但他的《盛世偏多文字

---

[1] 黄山书社，2012年。
[2] 海豚出版社，2013年。

狱》让我震惊,总以为他是学识渊博、文字功夫极好的老者。作者知识之丰富,文笔之通畅、老到,绝非一日之功。读其他书都是一本书写一段点评,读这本书我几乎每一篇文章都写了点评。这种好书区区十万字,篇幅不大,值得更多人分享。

散文类中回忆录也是重要的部分。今年的回忆录中,台湾学者王鼎钧的"回忆录四步曲"可称第一,尤其是第四部"文学江湖"最精彩。这套书在许多"好书排行榜"中都名列其中,我就不推荐了。我推荐的是另一本同样精彩的回忆录:周素子的《晦侬往事》[1]。作者是移居新西兰的华人,写她个人与全家在极"左"路线下所经历的苦难,感人至深。但作者并不是一味诉苦,而是"诉而不怨",只讲事实,不发评论,同时紧紧抓住了人性。既写了极"左"路线之下人性之恶被放大到什么程度,又写了人性中善的东西如何让他们得到安慰。作者的文笔极好,朴实、通畅,不求"语不惊人死不休",却相当感人。这样的好书,不读实在可惜。

余下的书都与历史相关。这类书我读的不少,大概与兴趣相关吧。我觉得我们受传统教育所限,正统的历史知识很

---

[1] 生活·读书·新知三联书店,2013年。

多是有问题的。这些年我喜欢谈历史书，就是有意识地想纠正这种错误。这种纠正要从重新认识一件一件历史上的小事、一个一个历史上的人物开始。今年出版的这类书相当多，其中相当好的一本是范泓先生的《历史的复盘》[1]。对范泓先生我了解不多，之前只读过他的另一本著作《隔代的声音》，印象相当好。《历史的复盘》顾名思义就是要恢复历史的本来面貌。全是写民国时期的人，且都是名人，但这里写的许多事是我过去所不知道或者有误解的。由这些事得出的评论也甚为客观。当然个别事件不能说明一个人的完整功过及个性，作者只是就事论事，但这正是构建整个民国史的基础。认识历史往往需要从这些人、这些事入手。作者收集了相当多的资料，且进行了梳理，文字亦极通畅。作者范泓并不是大历史学者，但这本书值得看。读名人的大作当然是正确的。名人之所以成为名人，总有一些贡献，但并非名人的书都值得读。也有不少名不见经传或名气不大的人写出了优秀的著作。名人来自非名人，名人在作为非名人时写的著作有时比成名后更好。

这几年写民国的书一直是热点。台湾学者林志宏先生

---

[1] 广西师范大学出版社，2013年。

的《民国乃敌国也》[1]是一本极有意义的书。首先在于选题,一般写民国总是写民国当红的政治家、军人或其他名人,但这本书写的是反对民国的清朝遗老。写这个题目的书,我过去还没见过。应该说,要全面了解民国,认识社会转型时不同思想的交织,这个问题不可忽视。其次分析极为实事求是,既说明了这些遗老保守、反动的心理和复辟活动,也说明了他们在文化研究中的贡献。最后,这本书的研究极为严谨,可以说无一结论观点没有根据,而像我这样的普通读者也爱看。在我今年读的书中,这本书学术水平最高。看其他民国书多了,看这本书会给你一个新天地。那些拖着小辫子整天想复辟大清的遗老,也是一种不可忽略的社会现象。而且,他们也并非铁板一块,有些人,如郑孝胥随溥仪去了"满洲国",成为汉奸,而有些忠于大清的遗老,如陈宝琛,爱大清但并不卖国,这就是历史的复杂性。

《民国乃敌国也》中提到了山西一位遗老刘大鹏,此人留下了相当完整的日记,记载了自己在民国前后的思想与生活。英国学者沈艾娣根据这份日记和其他资料写成了《梦醒

---

[1] 中华书局,2013年。

子：一位华北乡居者的人生（1857—1942）》[1]。这本书属于微观历史，即从一个人和一件事来看当时的社会与思想状态。数年前著名史学家史景迁写的《王氏之死：大历史背后的小人物命运》[2]就属于这类著作。该书在国内翻译出版后引起广泛关注。美国学者孔飞力的《叫魂》，在国内相当火的黄仁宇的《万历十五年》，也都属于此类书。如今这类微观史学有发展之势。这类书从一个小人物或一件小事来看社会，让你对当年的社会有具体而深入的了解。《梦醒子》利用刘大鹏的日记，写出这位举人在民国前后的生活经历与思想变化，从而反映了辛亥革命对这位小文人的影响。刘大鹏仅仅是一个举人，经济上也属于温饱偏下的状态，这就是当时大部分读书人的状态。一次革命无法改变人们的生存状况，有些人的状况甚至还会更糟。刘大鹏这类小人物在清朝时也并非大富大贵，民国后状况更糟。从中我们可以认识到社会转型给普通人带来的影响，普通人留下可信资料的几乎没有，刘大鹏的日记就有其特殊意义，根据这份日记写的专著就对认识历史极有意义。

---

[1] 北京大学出版社，2013年。
[2] 上海远东出版社，2005年。

对中国当代与近现代史研究的禁区越来越少,各种观点都可以争鸣,但对当代中国的研究还相当不容易,不仅有些资料尚未放开,而且许多当事人尚在,也相当敏感。也许对当代中国的认识要持续到几十年,甚至上百年之后。但要让历史前进,必须认识过去的经验与教训,当代史再难也要研究。这里我推荐的当代史研究著作是萧冬连先生的《国步艰难:中国社会主义路径的五次选择》[1]。萧先生在研究当代中国方面下了相当大的功夫,我读过由他主编,而且下册由他一人单独撰写的《求索中国:文革前十年史》[2],写得相当好。如今这本《国步艰难》又更上一层楼。这本书篇幅并不大,全书20多万字,还包括了别人的评论,把新中国成立以后所走过的路讲得清清楚楚。对于萧先生把这段历史分为五个阶段(即作者所说的"五次选择")是否合适,其他学者有不同的意见。这当然是可以研究甚至争论的问题。我读完全书后觉得,这种五阶段分法把解放后我们所走过的路概括得相当清晰。这五次选择,每次都是一次转型,有的是由坏转好,也有的是由好转坏。而且,这本书对新中国成立后的

---

[1] 博源文库,社会科学文献出版社,2013年。
[2] 上、下,中共党史出版社,2011年。

成就与问题，介绍与评价都相当客观。当代史是我们许多人都亲身经历过的，所以评论当代史极为困难。但作者用丰富的资料来描述这一段历史，评价也自然就在其中了。对同样的事实，不同人有不同的认识，但首先是弄清事实，"史料即史学"并不错。无视事实，凭一点感觉评论历史是不负责任的。萧先生这本书和上一本一样重视的是历史事实，这就是史学家的本色。

最后想推荐的一套书是日本学者盐野七生的《罗马人的故事》[1]。对于推荐这套书，我犹豫许久，因为它篇幅太长了，共15册，且每册都不薄，有多少人能看得完？我开始读这套书时也担心读不下去。但一看第一册开头第一页的"银币故事"写着：古罗马早期并无货币，用盐来支付，"'工薪族'一词，追根溯源，就是罗马人的语言——拉丁语中，用'盐来付款的人'的意思"，一下就抓住了我。多新鲜的知识，书中肯定还有更有意思的，终于决定读下去。读完之后，深感这是一套极好的书。仅说"好"还不够，必须加一个"极"字。而且，我过去有一个偏见，觉得日本人的作品缺乏创意，所以不爱看日本人写的书。但这套书的确值得一看。

---

[1] 中信出版社，共15册，2011年11月—2013年9月。

有关古罗马的书汗牛充栋，我也看过一些，但总觉得对古罗马缺乏全面、系统的了解。读完这套书，古罗马一千多年的历史在我脑海中清晰了起来。什么是好的历史书？胡适先生在评论好友陈衡哲女士的《西洋史》时说："史学有两方面：一方面是科学的，重在史料的收集与整理；一方面是艺术的，重在史实的叙述与解释。""这样综合的、有断制的叙述，可以见作者的见解与天才。历史要这样做，方才有趣味，方才有精彩。"陈衡哲女士的《西洋史》我没看过，不敢评论，但盐野七生的《罗马人的故事》，完全符合这一标准。盐野七生由于热爱古罗马历史，长期生活在意大利，期间她搜集并阅读了大量古罗马的历史资料，还考察过许多古罗马遗址。这大量的资料是研究历史的基础，建立在这个基础之上的古罗马史当然扎实、可靠，称得上信史。其次，历史本来是枯燥的，但盐野七生把历史写得栩栩如生，通俗而有趣，与其他严肃的历史书完全不同。最后，盐野七生不仅介绍了古罗马史，而且有许多精辟的评论与分析，既综合了其他学者的见解，又有自己独特的观点。这套书太有吸引力了，即使我在一天繁忙的讲课之后，仍有兴趣读，既是休闲，又增加了知识。

盐野七生在"给中国读者的序"中说："对于以超级大

国为发展目标的当代中国,在欧洲历史上可以作为借鉴的,唯有古罗马帝国了。"对她的前半句话,我不敢苟同,因为中国领导人一再声明,我们没有成为超级大国的野心,当然也不会成为现代版古罗马;但后半句话我觉得是对的,如何使中国强大,如何让这种强大永存,古罗马的历史对我们是有启发的。在读书过程中,我也有了不少想法。

其实今年还有不少未被关注的好书。如美国学者福山的《政治秩序的起源》,美国学者叶凯蒂的《上海·爱》,刘瑜的《观念的水位》,英国人汤姆·罗伯·史密斯的"苏联暗黑时代三部曲"——《秘密演讲》《44号孩子》和《六号特工》,吴稼祥的《公天下》,木心的《文学回忆录》,蔡昉的《避免"中等收入陷阱"》,叶兆言的《陈年旧事》《一号命令》,梁鸿的《出梁庄记》,印度学者阿比吉特·班纳吉和法国学者埃斯特·迪弗洛合著的《贫穷的本质》,英国学者蕾切尔·波隆斯基的《从莫斯科到古拉格》,美国学者傅葆石的《灰色上海,1937—1945》,徐天新的《斯大林模式的形成》,美国学者约瑟夫·奈的《软实力》,王碧蓉的《百年袁家》,等等。不过我把自己每年推荐的书限定为10本,这些书只好割爱了。

好书陪伴度过了2013年,但愿2014年有更多好书。

2014年10本休闲好书

又到年终评书时，今年评书的重点放在休闲阅读上。一些人读书是为了有用，如学习某个专业或掌握某种技能，读相关的书有立竿见影的用处，但更多的人读书是为了休闲，如同打高尔夫球、旅游或泡咖啡吧聊天一样，很少考虑有什么用。这种读书是为了陶冶情操，增加知识，提高个人的文化修养，最终也会有用。以这种态度去选书，考虑的就不是有没有用，而是有没有趣。读起来也不必头悬梁、锥刺骨，而是轻松愉快地享受。当然休闲读书也不是一味追求感官刺激，读品位不高的书，甚至低俗作品，而是仍然要有品位、高雅，有利于身心的愉悦。有品位、有思想的书不必是烦人的说教，而是寓理于趣味之中。休闲的书如同佳肴一样，寓营养于色、香、味之中，而不是为了营养或养生吃没滋味的食物。

休闲的书既要有思想，又要有趣，读的过程就是在享受。今年读的不少书，思想深刻，从学术的角度看，是好书，但读起来严肃有余而趣味不足。因此尽管值得看，但我也不推荐。比如美国政治学教授诺兰·麦卡蒂、基思·普尔和霍华德·罗森塔尔写的《政治泡沫：金融危机与美国民主制度的挫折》，从政治体制的角度分析2008年美国金融危机，在我读过的同类分析金融危机的书中是最有思想深度的。曾几次想入选今年10本好书，但最终还是删去了。因为学术性太强，读起来相当不容易，难以休闲。再如美国学者乔伊斯·阿普尔比写的《无情的革命：资本主义的历史》，对资本主义制度的形成、结果分析也相当深刻，且并不艰深，但全书35万字，用来休闲，有点太厚了。又有美国学者约翰·麦克米兰的《重新发现市场：一部市场的自然史》，分析了市场经济的优缺点，相当有启发，且得到吴敬琏先生、诺奖得主约瑟夫·斯蒂格利茨和肯尼斯·阿罗的称赞，但适于认真读，而不适于休闲,放弃了。中国学者蔡昉一向为我敬重,是为数不多的认真做学问的学者之一。他今年出版的《从人口红利到改革红利》,水平也相当高,不过我担心没学过经济学的人难以休闲地读下去,也没有列入。我把这些有水平、有思想的学术著作推荐一下,但不是作为休闲书。休闲书还是要寓教于乐,读起来轻松有趣。

作为好的休闲书不仅要有思想,还要好读,即语言流畅,读起来如行云流水,译的书则要同时达到"信、达、雅"。我还重视书的整体包装,包括封面、纸张、印刷,等等。一本好书应该让读者一看就喜欢,如同一位美女一样。有些书内容本身不错,但其他方面不敢恭维,如《政治泡沫》及同一套丛书的其他书,封面俗不可耐,如同一个美女浓妆艳抹,让人生厌。

对这次评书还有两点说明,一是我评的书受到的关注程度相当低,都没有进入各媒体评上的好书之列,甚至没有进入几十本、上百本,甚至数百本的提名及推荐书目。我常看的报刊相应的介绍与书评也不多。已被热炒、许多人都知道的书,我就不推荐了,比如贾平凹的《老生》也相当好,本应进入这十大休闲好书的,但各媒体都有相当多的介绍,我就不纳入了。推荐些未被关注、热炒的书,才有意义。二是我这里推荐的是我2014年读的，但并不一定是2014年出版的。我不可能及时读过每一本好书，有些读得晚了一些，但仍值得推荐，何况出版时间也并不久，想找还很容易，不必上"孔夫子网"。

经过反复筛选、比较，从今年所读的315本书中选定的10本休闲好书如下。

（1）《现代世界的诞生》[1]。作者麦克法兰是英国极有名的历史学家，研究现代世界起源及特征的比较。这是他在清华大学国学研究院主办的"王国维纪念讲座"（三大纪念讲座之一）上的演讲。作为一个面向中国听众的讲座，既概括了他在现代化起源上的研究成果，又考虑到面向普通听众的通俗性及有趣性。我们绝大多数人无缘听讲座，但可以读根据讲座整理出来的书。英国是世界上第一个现代化国家。关于英国和现代化的书，用汗牛充栋来形容都不够。别说我们一般人，就是专家也无法读完。这本书以英国为中心论述了实现现代化的条件，这就给了我们通过这本书了解国外关于现代化研究的精华的捷径。麦克法兰说："市场资本主义是

---

[1] ［英］艾伦·麦克法兰主讲，刘北成评议，刘东主持，清华大学国学研究院主编，上海人民出版社，2013年8月。

一个集态度、信仰、建制于一身的复合体,是一个寓经济和技术于其中的大网络。"这就是说,现代化的产生要以经济、制度、文化、观念、社会等一系列条件为前提。本书以英国为例说明它如何形成这些条件,从而第一个进入现代化。从英国来看,实现现代化的条件包括：法律保护私有产权,现代化之前经济发达、人民享有较高的生活水平,一个庞大而兴盛的中产阶级形成及等级观念的淡化,文化活动的多样化及其中反映的竞争与合作精神,家庭观念的变化,公民社会的形成,国家和官员权力淡化,保护人权的法律体制的建立,教育普及,知识进步与传播,国家统一,宗教改革,民族性的形成等。英国正好具备了这些条件,从而发生了工业革命,进入现代化国家。他把这种现代化的实现称为"英格兰道路"。当然,现代化并非只有一条"英格兰道路"。不同的国家在进入现代化之前有不同的国情与历史,也会以不同的方式进入现代化;但"英格兰道路"中体现了走向现代化的一些共同特征,值得其他国家借鉴。我读这本书相当认真,写了不少批注,其中也有一些不同于他的看法。但这本书引起我极大兴趣。我相信,对每个人都有启发。找这本书时特别要注意,与这本书同时出版的还有另一本同名书：[英]C. A. 贝利：《现代世界的诞生：

1780—1914》[1]。这本书是写一战前的世界史，极长，636页，版权页没写多少字，我估计在70万字左右，且写得不好，别说休闲了，作为专业书也实在平平。网上购书千万别把这两本书弄混了。

（2）《希腊精神》[2]。美国学者汉密尔顿的《希腊精神》《罗马精神》《希腊的回声》早已蜚声西方学界，最近由华夏出版社引入国内，出版了中文版。其中最值得读的是《希腊精神》。这本书初版于1930年，以后又进行了修改与补充，中文版即根据这个新版本译出。这本书尽管已出版80多年，但至今仍受重视。我们不必言必称希腊，但也应该了解古希腊。古希腊毕竟是西方文明的源头，我们不能照搬西方文明，但要吸收西方文明中的精华，这就不能不知道古希腊。关于古希腊的书也极多，但对普通读者来说，这本是最合适的。这本书的重点不是古希腊兴衰史，而是希腊人的精神世界。希腊人是理性的，也是自由的。理性使他们可以科学地思考，自由使他们可以不受约束地思考。希腊人的特点是"热爱理性，热爱生活，喜欢思考，喜欢运动"，这些反映在他们的

---

[1] 商务印书馆，2013年7月。
[2] ［美］依迪丝·汉密尔顿著，葛海滨译，华夏出版社，2014年1月。

文学、哲学和科学中。正是这种理性探索精神造就了古希腊的辉煌,今天西方的现代哲学与科学都来自古希腊。通过这本书了解古希腊人是一种享受。

(3)《正义的成本:当法律遇上经济学》[1]。台湾大学教授熊秉元先生是写通俗经济学文章的高手,与香港的林行止、张五常和澳大利亚的黄有光并称"华人四杰"。他们共同的特点是在国外留过学,有深厚的经济学功底,同时又善于从生活中领悟经济学的道理,并用通俗、流畅、风趣的中文表述出来。这次熊先生在东方出版社出的书还包括《解释的工具》与《优雅的理性》,我认为这三本书中最值得读的是《正义的成本》。这本书介绍的是经济学的一个新分支:法律经济学。尽管这门学科已出现几十年,但中国人了解得并不多。要让普通读者去读这门学科的奠基之作——理查德·A.波斯纳的两大卷《法律的经济分析》[2]不太容易。《正义的成本》正是用一些案例来通俗地介绍法律经济学的。经济学讲效率,法律讲正义,法律经济学正是把这两者结合起来,说明正义有成本。当然,法律经济学的内容相当广,也相当深,但读

---

[1] 熊秉元著,东方出版社,2014年5月。
[2] 中国大百科全书出版社,1997年6月。

了《正义的成本》再去深入了解就方便了。

（4）《神祇、陵墓与学者：考古学传奇》[1]。这是一本在国际上相当有名而且流行几十年的畅销书。这本书初版于1949年，1967年和1972年又做了大幅度修改、补充。1987年2月上海科技出版社出版了胤嘉先生根据英文版翻译的中译本，作者名字译为C. W. 克里姆，美国人。我就是看这个译本而喜欢这本书的。1991年三联书店出版了刘迺元先生译自英文本的中译本。作者已于1972年去世，2008年德国罗沃尔特出版社对原书进行补充，出版了德文本，最新的中译本就是根据这个德文本译出的。这本书介绍了对古希腊、古埃及、两河流域的古巴比伦和美洲玛雅文化与阿兹特克文化的考古、挖掘及研究成果。我第一次读就被深深吸引，读了不止一次，这次又买了新版本，认真读了一次。这本书写的是考古，实际上是回顾了历史上的古代文化。全书知识丰富，写得通俗而有趣，谁都会一拿起就放不下。特别应该指出，张芸、孟薇两位译者，极为认真，不仅做到了"信、达、雅"，而且还对读者不熟悉的名词、事件、人名，做了详细的译注。

---

[1] ［德］C. W. 策拉姆著，张芸、孟薇译，生活·读书·新知三联书店，2014年5月（第五次印刷版）。

现在这么认真译书的人也不多了。这本书已被译为26种文字在全球畅销,你能不一读为快吗?从这本书我还想介绍一下三联的"新知文库",这本书是这个文库的第37种。"新知文库"介绍各种自然科学与社会科学知识。书选得好,译得也好,且整体包装堪称超一流。纸张、印刷、插图,尤其封面设计与护封,无一不令人赏心悦目。我一直想买全这套书,可惜现在壮志未酬。希望爱书的朋友关注这套书。

（5）《大道无行·铁道部:政企合一的失败样本》[1]。在我推荐的书中,这本书大概是知名度最低的,但我认为是极好的一本书。从题目可以看出,这本书是通过刘志军、张曙光特大腐败案说明我国高铁建设中令人震惊的官商勾结、受贿、腐败,以及由此引起的低效率、资源浪费。刘志军、张曙光的腐败不仅在于他们个人品质不好,更重要的还在于政企合一的制度。政府权力太大缺乏制约,腐败就难免。在这种制度下没有刘志军、张曙光,也会有李志军、王曙光。三中全会提出政府转变职能,政府放权,是正确的,但付诸实施亦非一蹴而就。这本书好还好在它是由财新传媒编辑部副主编王晓冰带领一个庞大而勤奋的团队在深入调查的基础上

---

[1] 王晓冰、于宁、王晨等著,南方日报出版社,2013年5月。

写出来的，所讲的事情完全真实，绝非"客里空"。感谢这些记者，他们体现了中国媒体的良心。这样以调查为基础的纪实文学多了，改革步伐就更快了。

（6）《末日巨塔：基地组织与"9·11"之路》[1]。这本书写了中东恐怖主义的起源，基地组织的形成与"9·11"事件的发生，也谈到美国FBI与CIA的内斗使本可以制止的"9·11"未能制止。我推荐这本书有三个理由。第一，这本书在全面、深入调查的基础上，以事实为依据写成，并获得普利策奖，的确是一本好书。第二，恐怖活动在我国新疆也相当猖狂，读这本书对我们认识恐怖主义的思想来源，区分极少数恐怖分子与广大伊斯兰教徒、防范恐怖主义活动极有启发。第三，这本书属于上海译文出版社出版的"译文纪实"系列丛书中的一本。这套丛书相当好，无论是选题、译文，还是整体包装都属于一流。其中的许多书，如何伟（彼得·海斯勒）的《寻路中国》《江城》《奇石》等已经畅销且受到好评。我看了这套丛书中的八本，本本都优秀。希望通过推荐这本书引起大家对这套丛书的关注。

---

[1] ［美］劳伦斯·赖特著，张鲲、蒋莉译，上海译文出版社，2014年6月。

（7）《带着偏见上路》[1]。这是非常好的一本游记。不仅写了景，写了自己的感悟，还介绍了当地的历史、故事，并配有图片，以利于指导别人旅游。在我读的各种游记中，这本书是最好的。作者去了许多地方，包括俄罗斯、东欧、亚洲及美洲。其中有些地方，我也去过，读了颇有同感。游记仅仅写景是浅层次的，只有介绍当地的历史故事、风土人情、重要事件，以及自己的感悟才有意思。这本书内容好，文字也好，且做成小本，很适宜外出时携带，书的包装不求豪华，而以适用为目的。

（8）《刁嘴》[2]。今年读了几本关于吃的书，如二毛的《民国吃家》，王敦煌的《吃主儿》，都相当好。尤其是王敦煌的《吃主儿》，通过吃，回忆了一个以王世襄为中心的王家。几经比较，最后选了汪朗的《叼嘴》，一是这本书似乎未被关注，二是写得层次更高，通过吃讲了历史，真正是吃文化，讲吃中所蕴含的文化。此外，我特喜爱汪朗的文字，觉得深得乃父风范，朴实而不华丽，自然而不做作，流畅如行云流水，亲切如与朋友交心。反复读之，越读越有味。休闲就该读这

---

[1] 金维一著，中信出版社，2014 年 1 月。
[2] 汪朗著，生活·读书·新知三联书店，2014 年 1 月。

样的书。汪朗还写过其他关于吃、穿等日常生活的书，如2006年5月中国林业出版社出的《食之白话》《衣食大义》。当年他还在《财经》杂志开过关于吃的专栏，我当年自费订阅这份杂志，大半是冲着汪朗的文章去的。从书中看出，汪朗读书极多，所讲吃的历史故事都有所据。能吃、会吃，又能讲出吃的历史、文化的才算美食家，或者王敦煌先生所说的"吃主儿"。读这本书你知道吃中的文化，会吃得更好，吃出水平，通过吃不仅增加了物质营养，也增加了文化营养。

（9）《科学外史》[1]。这是江晓原先生在《新发现》杂志上和网上写的有关科学史的文章的汇编。《新发现》杂志我没读过，连名字都没听说过。江先生读书极多，知识广博，看问题态度又客观。这本书中所写的不少问题我也是闻所未闻。现代社会知识爆炸，我们所知道的太少了。这本书扩大了我的知识面，也给了我不少启发，而且读起来一点不累，休闲得很，该书出版后也好评如潮，还获得了首届（2013）年度"中国好书"和第十三届上海图书奖一等奖。不过知道的人也还有限，所以我又推荐一次。这本书首战告捷，江先

---

[1] 江晓原著，复旦大学出版社，2013年9月。

生又推出了《科学外史Ⅱ》[1]，续集并非"狗尾"，依然是不折不扣的"貂"，同样值得看。

（10）《阵痛》[2]。我在10月份的读书单中高度评价了这本书。作者张翎女士读到后发来短信感谢，作家出版社还把我的评价印在第三次印刷的封底上，极大地鼓舞了我读书的兴趣。现在再推荐，我想讲四点理由。第一，好小说要有好故事。这本书的故事极好，虽然是写普通人的日常生活，但写得非常吸引人。第二，人物塑造得好。小说当然要写人物，这本书中每一个人都写得好，读过感觉栩栩如生，且都有自己的个性。第三，写过去的伤痕，但绝非早期的伤痕文学，怒而不怨，让读者自己去思考，故事背后的社会更令人深思。第四，语言极为流畅。如此好书还是桃李不言的，今年3月首次出版，11月就有了第3次印刷，达到2.7万册。如今这已是相当好的销售量了，但愿更多的人读到这本书。我想如此好书，包括电子版在内发行百万册不算奇迹。

10本书的指标用完了，但我觉得还有更多休闲好书值得推荐。如广西师范大学出版社2014年1月推出的日本讲谈

---

[1] 复旦大学出版社，2014年8月。
[2] 张翎著，作家出版社，2014年3月。

社的《中国的历史》（共十册）。通俗地介绍中国从远古到民国的历史，写得相当好，但考虑再三，觉得10本之多，恐怕不少人读不过来。再如，三联书店2014年8月出版的"长声闲话"系列丛书（共五册），内容与文字都相当好，三联书店2014年8月推出的台湾上官鼎的《王道剑》等都是适于休闲的好书。但考虑到10本中三联书店已占了两本。出于平衡，也未推荐。更多好书不一一列举了。

今年《深圳商报》评书，还评了出版社、作者和译者，我觉得是一个创举。我心中最好的出版社是三联书店、中信出版社、广西师范大学出版社、社科文献出版社、作家出版社、上海译文出版社。尽管这10本书中没有广西师大的和社科文献的，但他们出的书我都喜欢，整体包装也非常好。尤其社科文献出版社这些年突飞猛进，书越出越好。《深圳商报》评为要向其致敬的出版社，我百分之百赞同。

有这些优秀的出版社、作者和译者，有一批精心做出版的编辑，我自然可以每年都有好书看。衷心感谢他们！

经济学与读书

——2014 年 4 月 27 日在北大讲座

大家好！我在 1991 年离开北大，今天第一次回到母校与师弟师妹们做一个交流，感到非常荣幸，也非常高兴。现在大家学习都很忙，又接近五一，许多人要出去玩，我想可能没多少人来听，没想到来了这么多人，大出我的意料，非常感谢。

我今天讲的题目是"经济学与读书"，主要讲学经济学要读什么书，如何读书。

先讲如何学好经济学。

1978年我回到北大读研究生，西方经济学专业（当时叫当代资产阶级理论批判专业）。我们的一个老师是罗志如先生。罗先生早年毕业于哈佛大学，获经济学博士学位。解放后研究条件有限，但他仍通过阅读英美的经济学杂志（如《经济学人》《美国经济评论》等）关注国外经济学的发展，许多最新的经济学概念都是他介绍过来的。比如说我们常说的通胀与失业关系的菲利浦斯曲线，称这两者的关系是 take off，罗先生把这个词译为"交替"，如今我们仍在用。他把读书时的心得记在许多卡片上，有些在他与厉以宁教授合写《二十世纪的英国经济》时用上了，还有许多没用上，他去世后系里交给我整理，但我与几个研究生读了一个月，发现这些笔记写得极潦草，许多都用英文缩写，没法读懂，只好放下了。当时在国内，他研究西方经济学的水平是最高的。1978年后教育部曾想让他给国内年轻教师办个西方经济学培训班，这个班办起来了，但罗先生由于年事已高，身体不好，没上成课。我入校后他已不上课，不过我每周都去他家，向他请教。现在想来，那一段时间罗先生对我的教诲，对我以后事业的影响相当大。

罗先生告诉我，他在哈佛大学读书时，他的老师、著名经济学家熊彼特告诉他，要学好经济学必须具备三种知识。

第一是经济理论,就是说对各个流派的不同理论及发展一定要了如指掌。第二是统计工具,这就是对统计学、统计方法一定要掌握,懂得如何整理和使用统计资料。第三是历史,熊彼特信仰马克思主义,他引用马克思的话告诉学生,经济学本质上是一门历史科学,经济理论要用历史来检验。罗先生告诉我,这三句话他记了一辈子,现在看来这话也不错。

那么,今天我们应该如何理解这三句话呢?

第一,在今天,掌握理论就要抓住凯恩斯主义和自由主义这两大理论流派,其他理论都是围绕这两派的基本观点展开的。凯恩斯主义从凯恩斯开始,经过以萨缪尔森为代表的新古典综合派,再到今天的新凯恩斯主义,他们的理论为国家干预经济服务,至今仍是各国制定经济政策的主要理论依据。自由主义继承了亚当·斯密的传统,在当代是从米塞斯、哈耶克到弗里德曼、理性预期学派等。他们主张自由放任的市场经济,曾作为英国撒切尔夫人和美国里根制定经济政策的依据。北大经济学院陈岱孙先生把经济学概括为国家干预与自由放任两大思潮的交替,是相当有水平的。所以,作为经济系的学生应该对两大流派的理论有所了解。

第二,统计学的内容今天扩大了,就是数学。现在经济学用数学作为基本工具。经济学并不是数学,但却离不开数学。无论你支持还是反对经济学运用数学，这已成了一股不可抗拒的历史潮流，越来越多的经济理论运用了数学。数学不好在国外很难读下经济学，起码要有点微积分、线性代数的基础。我一向主张，如果有志于此生奉献给经济学，上大学就先上数学系，研究生读经济学。国外许多经济学家都有数学学士、硕士甚至博士学位，当然这是对专业经济学家的要求。但我们一般学经济学的，也应该有点高等数学基础。

第三，历史。经济理论总要进行验证，但未来不确定，通常就用历史来验证。弗里德曼和施瓦茨合写的《美国货币史》是名著，这就是用美国的货币史的数据来验证他们的货币数量论。专门研究经济史的是经济史学家，但一般经济学家也要熟知历史，以便在理论中应用。各经济学系一定要开设中外经济史或一点点专题史。可惜，听说经济史的课没有多少人感兴趣，几乎成了冷门。一定要纠正这种风气，经济学家不是历史学家，但一定要熟知历史，学好中外经济史的课，读一点相关的书。

听到这里，有同学一定会想，这经济学太难了，我们短短的四年怎能学得了这么多东西？非经济学专业而又想学点经济学的，恐怕听了都要望而生畏，打退堂鼓了。如果讲座是这样的效果，我岂不罪该万死了吗？其实我讲的是那些成功的大牌经济学家，如熊彼特这样的大师。但我们不同的人学经济学的目的不同，要求也不同。每个人都可以根据自己的需求，学好经济学。

　　肯定有一些同学，尤其是经济学专业的同学，要从事经济学理论研究或高校的教学工作。这些人都应按以上三条来要求，并向这个方向去努力。这三条中最难的还是数学。从现在看来，要能在经济学前沿的研究中作出贡献，最好毕业之后到美国留学，拿一个博士学位。但要达到这个目标就必须有数学基础。现在回国的"海归"且在经济学中有贡献的，许多都是数学系毕业。如清华经管学院院长钱颖一、上海交大安泰管理学院院长周林，上海财大经管学院院长田国强，康奈尔大学教授、厦门大学王亚南经济研究中心主任洪永淼等都是数学或物理系毕业的。那些非数学专业毕业的"海归"，如明尼苏达大学教授、长江商学院副院长王一江，出国后也在数学方面下了相当大功夫。经济理论与历史都可以读书自学，而数学还是需有正规训练。现在你们还年轻，中学数学功底都相当好，只要下功夫补数学并不难。你们北大经济学院的平新乔教授，也非数学专业出身，但他在美国康奈尔大学猛补数学，终于拿到经济学博士学位，回来后也做出了许多成就。

　　经济学专业的学生毕业后也不一定都从事经济学专业工作，许多非经济学专业的学生也需要学一点经济学。在美国，经济学 101 是一门各专业的共同选修课，无论学什么专业都可以选。因为经济学是从事各种工作的基础知识之一。比如你们毕业后从事企业管理工作或自己创业，从事公务员工作、新闻媒体工作，甚至从事技术工作，当建筑师或工程师等等都需要经济学。这是你进一步学习其他专业的基础。任何工作都讲效率，讲成本收益分析，要遵循经济规律，经济学正是给你提供这些知识的。现在国外的许多中学都开设经济学课程，甚至还有给儿童看的经济学启蒙书，可见在现代世界，经济学有多重要了。说经济学覆盖了现代社会一切领域也许略显夸张，但经济学的重要性是无人可以否认的。

　　无论你是要从事经济学专业也好，还是把经济学作为基础知识也好，学习经济学首先要从读一本教科书开始。我特别重视教科书对学习一门科学的重要性。教科书是一门科学的全面而系统的介绍，一本教科书读好了，这门科学的基础就奠定了。当年我在北大读研究生时，杜度教授给我们选了一本李普赛与斯坦利合写的《经济学》教科书，要我们读透、读深，真正读懂并掌握。现在想来正是这本书奠定了我以后事业的基础。我在北大给研究生开设宏观经济学课程时，也选了一本当时最好的英文版《宏观经济学》（多恩布什与费希尔合著），让学生读深读透。后来一位学生去美国西北大学留学，一下飞机，时差还没倒过来，学校就要进行入学考试，决定是否给奖学金。他进了考场，一看题目全是在北大时读的那本《宏观经济学》里的内容，马上笑逐颜开，全答对了。后来他告诉我："当年你逼我们精读那本书，讨论课上还不时提点刁钻的问题，我们读得好苦，大家都怨声载道，这次考完后我才认识到当时的苦没白吃。"

现在市场上各种教科书，国外翻译的，国人写的，品种极多，良莠不一，谁都不可能全读过来，而且内容大同小异，也没必要全读。给学生选一本好的教科书，是老师的责任。当年我读研时，杜度教授选的就是最好的，也是最适于我们读的。那时流行的是萨缪尔森的《经济学》，是国内外采用最多的，被称为经典。但这本书思维有点发散，中国学生不一定合适。而且，当时要我们读英文原本，该书的英文还有点难度，但李普赛与斯坦利这一本内容全面而易读，且英语也容易，当年在国外也相当有名。现在想来，这本教科书选得好。杜度教授告诉我们，他是在读了当时国内能找到的各种英文版经济学教材，并进行比较后才确定这一本的。我为研究生选的《宏观经济学》教科书也是比较了当时能见到的各种版本后才确定的,后来留学回来的同学告诉我,这个版本也是美国各高校研究生使用最多的版本。

什么是最好的教科书,我想有这样几点:第一,内容全面,基本概念、基本理论讲解清楚;第二,理论与实践结合,用事例来说明概念与理论,分析读者感兴趣的问题;第三,作为入门教科书,以让学生掌握本学科基本知识为主,数学分析不宜太多;第四,语言通畅,带点幽默最好,切忌教条(中国人编的有些书爱犯这个毛病);第五,适合于教学对象,不同层次、不同专业、不同人所选的教研书不能千篇一律。当然教科书还要新,能反映本学科最新的进展。这就是国外经济学教科书三年一个新版的原因,我们亦要用最新版。

在现在的许多教科书中,我推荐美国哈佛大学经济学教授曼昆的《经济学原理》。这本书在国外是最畅销的,被译为17种文字;在国内也是最畅销的,被许多高校作为教材使用。今年它的最新版(第7版)已由北京大学出版社推出。这本书适于经济学专业和非经济学专业的学生读,也适于一般想了解点经济学的人读。经济学不同专业的学生以后还要读其他书,但这一本是基础。

读教科书,我还有两点补充。一是如果你要考研,一定要读所报考学校采用的教科书，所报考老师指定使用或编写的教科书，无论这些书的水平如何。考研是以被录取为目的，这就要满足所报考学校和老师的要求，他们出题与判卷都以这些指定的书为标准。二是有些非经济学专业学生或经济学爱好者也许会觉得曼昆的《经济学原理》两大卷太多了，那还可以读曼昆从这本书中精选的《经济学基础》，约为原书的一半；如果你还嫌多，也可以读更通俗、更简单的。我写过一本《经济学是什么》，读的人不少，发行量（不包括盗版）已超过 20 万册。另一本是郭凯先生写的《王二的经济学故事》。郭凯先生是留美经济学博士，他这本书介绍基本概念理论准确，且结合现实生活，贴近百姓，也通俗、有趣。

作为经济学专业的学生，除了读好教科书之外，还应该读一两本经典著作，这无论对提高专业水平，还是学习读书方法，都是极为重要的。这就是通常所说的"精读"。我是主张"一本书主义"的，即精读好一两本经典。记得上大学时一位极爱读书的高干子弟告诉我，一位当时北京的负责人说过，读好一本书可以奠定人一生学习、工作的基础。这位负责人就是在狱中精读了恩格斯的《路德维希·费尔巴哈和德国古典哲学的终结》（通常简称《费尔巴哈论》）而掌握了马克思主义的。这话对我触动很大。1963 年，我用一个暑假读了这本书,收益甚大,而且学会了读书的方法。现在想来,这一辈子都受益无穷。现在书多了,但我仍主张读一两本经典著作。

在经济学中,我认为主要的经典就是亚当·斯密的《国富论》和凯恩斯的《通论》(全名《就业,利息和货币通论》)。这两本书是当代两大经济思潮——自由放任与国家干预的源头。其经典性,我不用多说。斯密的《国富论》国内有众多译本,最经典的译本是郭大力、王亚南的译本,商务印书馆出版,题为《国民财富的性质和原因的研究》,译得当然不错,我读的就是这个本子。不过这个本子译的时间已早,有些不准确之处,也有名词的译法与现在通用的译法不一致。在现在的译本中,我觉得比较好的是南开大学教授杨敬年译的本子,题目也为《国民财富的原因和性质的研究》,由陕西人民出版社出版。杨先生是留英的经济学博士,长期从事经济学著作的译介工作,译过不少好书。这个《国富论》的新译本,不仅准确、通畅,而且为方便读者阅读还加了一些旁注,每编还有导读。在目前的各种译本中,我以为这个译本是最好的。这本书收入该社出的"影响世界历史进程的书"中,可惜由于促销不力,这套书以及杨敬年的这个译本,知道的人不多。凯恩斯的《通论》最早的译本是徐毓枬先生译的，商务印书馆出版。当年我读的就是这个本子。但这个本子用的是严复式半文半白的译法，且译得较早，也有不少不准确或与现在译名译法不同之处，现在读起来费劲。现在最好的译本是高鸿业先生的译本，高先生译的萨缪尔森《经济学》已为国内经济学教科书之经典。这本新译的《通论》不仅译文通畅、准确，而且还加了许多译后注。与《国富论》相比，《通论》一向以难读著称，且在论述中也有前后不一致之处。借助于高先生的注释可以看得更畅通，理解也更深。

当然，我们说的《经济学原理》《国富论》《通论》这三本书，你也可以直接读英文版。前两书的英文相当通畅，也不难读，有些国外大学的英文阅读课还选了《国富论》的片断。《通论》英文版难读一点。

学习其他专业，如国际贸易、国际金融、保险、金融等与经济学相关专业的学生，也要读《经济学原理》教科书，《国富论》《通论》就不一定读了。但要再读一本本专业的教科书，而且要精选。如学国际贸易和金融的可以读保罗·克鲁格曼和茅瑞斯·奥伯斯法尔德合著的《国际经济学》，学金融的可读米什金的《货币金融学》或兹维·博迪和罗伯特·C.默顿合写的《金融学》，学财政的可读哈维·S.罗森的《财政学》，等等。这些都是相当著名的教材。这些书收入中国人民大学出版社出的"经济科学译丛"中,这套丛书中的许多书都相当好,可以选读。这些书的篇幅都相当大,你也可以在老师指导下选读有关章节。这些是一定要精读的。

读书要精读,也要泛读,扩大自己的知识面。现代社会知识爆炸,仅读一两本经典是不行的。泛读的选择有两个原则。一是自己有兴趣。做有兴趣的事,读有兴趣的书,才能带来读书的快乐。二是对自己的工作或学习有用。这两点结合在一起时,学习读书就成了快乐的源泉。这方面,我也推荐一些书,供大家参考。

我们这里的同学还是以经济学相关专业为主,或对经济学有兴趣的人,我首先推荐这一类书。

我们都很关心中国的改革与宏观经济形势。这方面,我先推荐两本。一本是吴敬琏和马国川先生的《重启改革议程》(原名《中国经济改革二十讲》)。吴先生是中国市场的推动者,这是他最新的书,采用与马国川先生对话的形式。这本书对我们理解如何深化改革甚有启发。这本书是三联书店出版的。另一本是周其仁先生的《改革的逻辑》,中信出版社出版。周先生是我敬佩的一位经济学家,他是留美博士,经济学功底扎实,而且他不是纸上谈兵的学者,而是一位经常深入调查研究、从现实中找到改革出路的学者。他写过许多书，都很有见解，这本是他最新出版的。此外还有两本，有时间也可以一读。一本是复旦大学教授韦森先生的《大转型》，还有一本是王小鲁先生的《灰色收入与发展陷阱》，我读了都颇受启发。尤其后一本，研究非常扎实，其研究方法也值得学习。这两本书都是中信出版社出版的。

对中国宏观经济及改革，经济学家的观点并不相同，当然也未见其要分什么派，但分歧是存在的。有些经济学家对中国经济乐观，主张国家更多干预，如林毅夫、张军、李稻葵等先生。有些经济学家更偏重于研究经济与改革中的问题，主张更多市场化、自由化，如许小年、张维迎、陈志武等。他们都有自己的著作，你们可以上网查，并阅读自己有兴趣或对自己有用的，我就不一一介绍了。当然对中国经济与改革更多更新的了解，还要阅读报刊及上网。我常读的一份报是《经济观察报》，非常值得每一位关心经济形势与改革的人阅读。

当然还可以读一些经济学闲书，讲点掌故、逸闻、故事，并非严肃地讲经济学大道理的。如85后徐瑾女士写的《凯恩斯的中国聚会》就写得相当轻松，好读、有趣。柳红女士的《八〇年代：中国经济学人的光荣与梦想》，写得还是相当严肃的，写几代经济学家对中国改革的贡献和推动，也值得一读。

学经济学的人当然也不必唯经济学才读，也需要读一些非经济学的书，读什么就完全取决于兴趣了。但我认为还是要读一点历史的，经济学毕竟是历史科学。我愿意推荐日本讲谈社编的《中国的历史》（共十卷）和日本人盐野七生写的《罗马人的故事》（共十五册）。这两套书都太多，恐怕一时很难读完，但我觉得值得读，没时间可以选读，也可以慢慢读。《中国的历史》包括从远古到民国的历史，你对哪一段有兴趣就读哪一本；古罗马对当今世界影响依然很大，这套罗马史尽管很多，但写得有趣，好读，一拿起就很难放下。今天的文化主要来源于古希腊，我推荐两本书。一本是美国学者依迪丝·汉密尔顿写的《希腊精神》，这是一本1930年出版的书，今天仍然受重视，它对希腊精神的介绍全面而有深度，但并不难读。另一本是介绍古希腊神话的《希腊神话欣赏：神在人间的时光》，这本书是陈喜辉先生在哈工大讲古希腊神话课的讲稿，大学生们可以读一读。

古人讲开卷有益。我也是从读各种书中获得了营养，有些书看似与专业无关，但对你亦有启发。我从读《红楼梦》中悟出了改革之难的原因，从读金庸武侠中悟出了经济学道理,也从读京剧的小说《庚子梨园恨》中悟出了京剧与经济的关系及京剧衰落的原因,还从读《抉择》中认识到国企改革的必要性与难度。不读这些书,我肯定写不出还算受读者欢迎的经济学随笔散文。

我每月读书二十几本。每月读的书目与简评都发表在上海《东方早报·上海书评》上,并在澎湃网上登出,供大家选书、读书时参考。当然,还有不少网站也介绍并评书,也可供大家参考。

我讲座的目的是引起各位经济学学友读书的兴趣,并根据自己的读书经历推荐一些书,仅供参考,绝非必读。中国的未来是光明的,这光明的前途要在你们手中实现,在这一过程中也将实现你们的个人价值。现在是你们进入社会的准备阶段,今天做好准备,明天才能大展宏图,读书就是这种准备工作之一。

谢谢大家。

(根据讲座记录稿整理、修改,删去问答部分)

后 记

退休之后,生活以读书为主旋律,读了书,有些感想就写成文字,这本书就是部分文章的集子。选的标准一是其他集子未收录过,二是还有可读性。

这些文章发表于上海《东方早报·上海书评》《经济观察报》《国家财经周刊》等报刊,在写作与发表中得到"上海书评"张明扬先生、马睿女士,《经济观察报》殷练女士、秦蓓蓓女士,《国家财经周刊》李扬女士的帮助,致以深深的谢意。

这些文章在各报刊发表时，编辑都进行了修改、润色，或适于版面的删节，有些题目也作了调整。这次收入本书时我既尊重了编辑的修改，有些则恢复原貌。例如，《历史，可以化妆不能整容》，最早发表于《东方早报·上海书评》，五千字左右，后来应《经济观察报》之邀改为一万字左右，但在发表时，适于版面要求删为七千字左右，并改了题目。这次我恢复了删去的内容，并用了原题目。所有文章中这篇是改变最大的，其他的文章都改动不大。

特别应该说明的是，本书出版时，北大社孙晔副社长付出了极大心血。他身为社领导有许多工作，但在百忙之中极为认真地审读了全书每一篇文章，提出了许多颇为重要的建议，也作了许多有意义的修改，甚至连一个字、一个标点都不放过。他主动与我讨论每一个改动，使文章更好。他这种认真细致、精益求精的精神感动了我，我深深感谢他。

我不会电子录入，交给出版社的全是手稿，有许多书写不清之处。责任编辑于铁红、周彬先生认真录入，又进行了许多相当细致的修改、润色工作，深表谢意。

这本书的出版得到北京大学培文文化公司高秀芹女士、周彬先生的帮助与支持，也得到北京大学出版社的支持，致以深深的谢意。

当然书值不值得读，还要广大读者朋友来评定，也希望听到你们的意见。

梁小民　北京怀柔乡下
2016.9.10